孟子

編者序

孟子，名軻，字子輿，戰國鄒（今山東鄒縣）人，是魯國貴族孟孫氏的後裔。約生於西元前三七二年，卒於西元前二八九年。孟子三歲喪父，受到母親嚴格教育，曾三遷於學宮旁，習俎豆之事；「孟母三遷」、「斷杼教子」等故事，成為千古美談。後受業於子思門人，是孔子的四傳弟子，有「亞聖」之稱，與孔子合稱為「孔孟」。

孟子主張法先王、行仁政，提出「民貴君輕」的思想，堅決反對不義之戰。孟子主張性善，認為不管是君王還是人民，聖人還是小人，在他們的天性中都存在著四種善端，即惻隱之心、羞恥之心、恭敬之心、是非之心，並由此發展成為「仁義禮智」四德。

《孟子》為記述孟子思想的著作。此書的來歷有各種不同的說法，司馬遷等人認為是孟子自著，其弟子萬章、公孫丑等人參與；趙岐、朱熹、焦循等人認為是孟子自著；韓愈、蘇轍、晁公武等人認為是其弟子萬章、公孫丑等人追記，目前學術界較採用司馬遷等人的說法。

《孟子》完成於戰國中後期，為語錄體，《孟子》長篇大論，說理雄辯，和《論語》片言單辭的短章不同。《孟子》共七篇，分別為〈梁惠王〉、〈公孫丑〉、〈滕文公〉、〈離婁〉、〈萬章〉、〈告子〉、〈盡心〉，篇名取自各章開頭的幾個字，沒有特別的含意。東漢趙岐在《孟子章句》中，又將每一篇分為上下兩卷，全書共七篇十四卷。注本主要有東漢趙岐《孟子章句》、南宋朱熹《孟子集注》、清焦循的《孟子正義》等。

《孟子》一書的地位一開始並沒有很高，到五代十國後蜀時，後蜀主孟昶命人楷書十一經刻石，歷時八年才刻成。這可能是《孟子》列入經書之始。後來宋太宗又翻刻了這十一經。到南宋孝宗時，朱熹將《孟子》與《論語》、《大學》、《中庸》合在一起稱「四書」，以孟子為孔子道統傳人，並成為「十三經」之一。明清時四書被列為科舉取士的教科書，《孟子》也成了讀書人必讀之書。

《大學》是儒家經典《四書》之一，《大學》原是《禮記》第四十二篇，內文的撰成約在戰國末期至西漢之間，一說是曾子所作，一說是孔門七十子後學者所作。在南宋前從未單獨刊印過。自唐代韓愈、李翱維護道統，開始推崇《大學》與《中庸》。北宋時司馬光編撰《大學廣義》，是為大學獨立成書之始。程顥、程頤又編撰《大學》原文章節成《大學定本》。南宋時朱熹編撰《大學章句》，並與《論語》、《孟子》、《中庸》合編為《四書》。按照朱熹的看法，《大學》是孔子及其門徒留下來的遺書，是儒學的入門讀物。因此，朱熹把它列為「四書」之首。

《大學》原不分章節，後來朱熹按其內容，將《大學》分為經一章，傳十章。並說：「經一章，蓋孔子之言，而曾子述之；其傳十章，則曾子之意，而門人記之也。」

《中庸》原是《禮記》第三十一篇，內文在戰國末期至西漢之間寫成，作者是誰尚無定論，一說是孔伋所作，一說是秦代或漢代的學者所作。宋朝儒學家對中庸非常推崇，將其從《禮記》中抽出獨立成書，朱熹則將其與《論語》、《孟子》、《大學》合編為《四書》。

「中庸」在字面上的解釋即是「執中」之意，而執中又當求「中和」，在一個人還沒有表現出喜怒哀樂時的的平靜情緒為「中」，表現出情緒之後經過調整而符合常理為「和」，其主旨在於修養人性。中庸強調「誠」的重要，誠即是《大學》中所述說的「誠意」。

《人人讀經典》系列以白話譯注《孟子》、《大學》、《中庸》，兼取諸家，譯文力求淺白，注文力求簡明，原文附有注音，適合今人朗讀學習。

目錄

梁惠王 上

1 孟子見梁惠王。王曰：「叟！不遠千里而來，亦將有以利吾國乎？」

孟子對曰：「王何必曰利？亦有仁義而已矣。

「王曰：『何以利吾國？』大夫曰：『何以利吾家？』士庶人曰：『何以利吾身？』上下交征利，而國危矣。萬乘之國，弒其君者，必千乘之家；千乘之國，弒其君者，必百乘之家。萬取千焉，千取百焉，不為不多矣。苟為後義而先利，不奪不饜。

「未有仁而遺其親者也，未有義而後其君者也。王亦曰仁義而已矣，何必曰利？」

梁惠王 魏國第三代國君，都大梁，僭稱王，諡曰惠。孟子見梁惠王當在惠王後元十五年。

叟 老先生。

大夫 古代官名。三代之官，分為卿、大夫、士三級，古書稱大夫多指卿而言。

家 卿大夫為統轄其采邑而設之政治機構，不是家庭的家。

庶人 即老百姓。

交征 上下互爭。

萬乘之國 兵車一輛叫一乘，諸侯有封國，大國可出萬乘兵車，小國可出千乘兵車，故說萬乘之國、千乘之國。

千乘之家 擁有采邑的卿大夫曰家，大家可出千乘兵車，小家可出百乘兵車，故成千乘之家、百乘之家。

饜 滿足。

遺 棄。

2

孟子見梁惠王，王立於沼上，顧鴻鴈麋鹿，曰：「賢者亦樂此乎？」

孟子對曰：「賢者而後樂此，不賢者雖有此不樂也。《詩》云：『經始靈臺，經之營之。庶民攻之，不日成之。經始勿亟，庶民子來。王在靈囿，麀鹿攸伏。麀鹿濯濯，白鳥鶴鶴。王在靈沼，於牣魚躍。』文王以民力為臺為沼，而民歡樂之，謂其臺曰靈臺，謂其沼曰靈沼，樂其有麋鹿魚鱉。古之人與民偕樂，故能樂也。〈湯誓〉曰：『時日害喪，予及女偕亡！』民欲與之偕亡，雖有臺池鳥獸，豈能獨樂哉？」

詩 《大雅・靈臺》篇。

經始靈臺 指文王欲建靈臺，先度量其基址。文王臺名。經，度量。靈為美善之意。

經之營之 指度量臺址已畢，又以繩度立表，以定其位。

攻 治也。此指修建。

不日 不久。

亟 急切。

子來 指民心歸附，如子女趨事父母，不召自來。

囿 有圍牆的園林，通常用作畜養禽獸的場所。

麀鹿 牝鹿。

濯濯 肥澤貌。

鶴鶴 形容羽毛潔白。

於 感嘆、讚美的語氣。

牣 滿。

湯誓 《尚書》篇名。

時日害喪 這個太陽何時才會滅亡。時，此。日，指夏桀。

3

梁惠王曰：「寡人之於國也，盡心焉耳矣！河內凶，則移其民於河東，移其粟於河內；河東凶亦然。察鄰國之政，無如寡人之用心者；鄰國之民不加少，寡人之民不加多，何也？」

孟子對曰：「王好戰，請以戰喻：填然鼓之，兵刃既接，棄甲曳兵而走，或百步而後止，或五十步而後止。以五十步笑百步，則何如？」

曰：「不可，直不百步耳！是亦走也！」

曰：「王如知此，則無望民之多於鄰國也。

「不違農時，穀不可勝食也；數罟不入洿

焉耳 於是。

河內 今河南省黃河以北，舊時通稱曰河內。

凶 凶年，荒年。

河東 舊時稱山西境內黃河以東為河東。

加少 日益減少。

加多 增多。

填然 形容聲勢宏大。填，鼓音也。兵以鼓進，以金退。金即「鉦」，形似鐘而狹長，上有柄，用銅製成。是古代的一種樂器，指軍隊中用於作戰信號的工具。

棄甲曳兵 拋棄鎧甲，拖著兵器。形容戰敗逃走的狼狽狀。

直 只是，不過。

走 逃跑。

不可勝食 食物多到吃不完。勝，盡。

數罟 細密的網。

池，魚鱉不可勝食也；斧斤以時入山林，材木不可勝用也。穀與魚鱉不可勝食，材木不可勝用，是使民養生喪死無憾也。養生喪死無憾，王道之始也。

「五畝之宅，樹之以桑，五十者可以衣帛矣；雞豚狗彘之畜，無失其時，七十者可以食肉矣；百畝之田，勿奪其時，數口之家，可以無飢矣。謹庠序之教，申之以孝悌之義，頒白者不負戴於道路矣。七十者衣帛食肉，黎民不飢不寒，然而不王者，未之有也。

「狗彘食人食而不知檢，塗有餓莩而不知

洿池 低窪之地，水塘。
斧斤 刀斧。
以時 按一定的時令。

喪死 葬送死者。

彘 豬。

勿奪其時 勿以徭役奪其稼穡之時。
庠序 皆鄉學之名。殷曰序，周曰庠。
頒白 指髮半白半黑的老人。頒通「斑」。
負戴 背負重物。
黎民 指黑髮少壯之人民。黎，黑。
檢 斂。
餓莩 餓死之人。

發。人死，則曰：『非我也，歲也。』是何異於刺人而殺之，曰：『非我也，兵也。』王無罪歲，斯天下之民至焉。」

發 發倉廩以賑貸。

歲 凶歲。

王無罪歲 君王自己負起責任，不把罪過推卸到年歲凶荒上。

4

梁惠王曰：「寡人願安承教。」孟子對曰：「殺人以梃與刃，有以異乎？」曰：「無以異也。」「以刃與政，有以異乎？」曰：「無以異也。」曰：「庖有肥肉，廄有肥馬；民有飢色，野有餓莩；此率獸而食人也！獸相食，且人惡之；為民父母行政，不免於率獸而食人，惡在其為民父母也？仲尼曰：『始作俑者，其無後乎！』為其象人而用之也。如之何其使斯民飢而死也？」

安 樂意。對事物感到習慣、滿足。

梃 木棍。

政 指暴政。

庖 廚房。

廄 馬舍。

餓莩 餓死的人。

且 尚且。

惡在 何在。

俑 陪葬的木偶人。

為其象人而用之 象，似也，即以其似人形而殉葬，故亦視之如有生也。

5

梁惠王曰：「晉國，天下莫強焉，叟之所知也。及寡人之身，東敗於齊，長子死焉；西喪地於秦七百里；南辱於楚。寡人恥之，願比死者一洒之，如之何則可？」

孟子對曰：「地方百里，而可以王。王如施仁政於民，省刑罰，薄稅斂；深耕易耨；壯者以暇日修其孝悌忠信，入以事其父兄，出以事其長上；可使制梃以撻秦楚之堅甲利兵矣。彼奪其民時，使不得耕耨，以養其父母；父母凍餓，兄弟妻子離散。彼陷溺其民，王往而征之，夫誰與王敵？故曰：『仁者無敵。』王請勿疑。」

晉國 韓、趙、魏三家分晉，梁(魏)惠王自稱魏國也為晉國。

長子死焉 惠王三十年，使龐涓將，令太子申為上將軍，與齊人戰而敗於馬陵。齊擄太子申，殺龐涓。

西喪地於秦七百里 惠王三十一年，秦趙齊共伐魏，魏割河西之地與秦談和，後遷都大梁，改國號曰梁。

南辱於楚 惠王後元十二年，楚懷王攻梁，得八邑。

莫強 沒有比它更強的。

願比死者一洒之 願代死者一洗其恥辱。比，代。洒，洗滌。

易耨 及時除草。

忠信 盡己之謂忠，以實之謂信。

制梃 拿著木棍。制與「掣」通，取。

撻 打。

彼 指敵國秦、楚、齊。

陷溺其民 指殘害其民，如使陷於阱、溺於水。

6 孟子見梁襄王。出語人曰：「望之不似人君，就之而不見所畏焉。卒然問曰：『天下惡乎定？』吾對曰：『定于一。』『孰能一之？』對曰：『不嗜殺人者能一之。』『孰能與之？』對曰：『天下莫不與也。王知夫苗乎？七八月之間旱，則苗槁矣。天油然作雲，沛然下雨，則苗浡然興之矣。其如是，孰能禦之？今夫天下之人牧，未有不嗜殺人者也；如有不嗜殺人者，則天下之民，皆引領而望之矣。誠如是也，民歸之，由水之就下，沛然誰能禦之？』」

梁襄王 梁惠王的兒子。
語 告訴。
卒然 突然。卒通「猝」。
與之 從之，歸之。
苗 禾苗。
七八月之間旱 周代曆法的七八月，相當於夏曆的五六月，正是禾苗渴水的時候。
油然 形容雲氣聚合的樣子。
沛然 形容雨水豐沛。
浡然興之 即蓬勃地生長。
禦 此指阻止人民歸附。
人牧 治理人民的人，指國君。
引領 伸長了脖子盼望。
由 與「猶」通。

7

齊宣王問曰：「齊桓、晉文之事，可得聞乎？」孟子對曰：「仲尼之徒，無道桓、文之事者，是以後世無傳焉，臣未之聞也。無以，則王乎。」

曰：「德何如，則可以王矣？」曰：「保民而王，莫之能禦也。」

曰：「若寡人者，可以保民乎哉？」曰：「可。」

曰：「何由知吾可也？」曰：「臣聞之胡齕曰，王坐於堂上，有牽牛而過堂下者，王見之，曰：『牛何之？』對曰：『將以釁鐘。』王曰：『舍之！吾不忍其觳觫，若無罪而就

齊宣王 田氏名辟疆，諸侯僭稱王也。

「仲尼之徒」二句 孔子的門徒，沒有講桓公、文公那種褊狹的霸業的。

無以 不得已。「以」同「已」。

王 君臨天下之道。

保 愛護。

何由 從何。

胡齕 齊宣王的近臣。

釁鐘 周朝的一種禮儀。在古代，鐘被視為一種神器，新鑄成的鐘要塗上牛羊的鮮血予以祭祀。

觳觫 戰慄。

死地。』對曰：『然則廢釁鐘與？』曰：『何可廢也？以羊易之！』不識有諸？」曰：「有之。」曰：「是心足以王矣。百姓皆以王為愛也，臣固知王之不忍也。」王曰：「然！誠有百姓者。齊國雖褊小，吾何愛一牛？即不忍其觳觫，若無罪而就死地，故以羊易之也。」曰：「王無異於百姓之以王為愛也。以小易大，彼惡知之？王若隱其無罪而就死地，則牛羊何擇焉？」王笑曰：「是誠何心哉？我非愛其財，而易之以羊也。宜乎百姓之謂我愛也！」曰：「無傷也，是乃仁術也。見牛未見羊也。君

愛 吝嗇。

褊 小。

異 奇怪。

愛 吝。

無傷 沒關係。

子之於禽獸也，見其生，不忍見其死；聞其聲，不忍食其肉。是以君子遠庖廚也。」

王說曰：「《詩》云：『他人有心，予忖度之。』夫子之謂也。夫我乃行之，反而求之，不得吾心；夫子言之，於我心有戚戚焉。此心之所以合於王者，何也？」曰：「有復於王者曰：『吾力足以舉百鈞，而不足以舉一羽；明足以察秋毫之末，而不見輿薪。』則王許之乎？」

曰：「否。」「今恩足以及禽獸，而功不至於百姓者，獨何與？然則一羽之不舉，為不用力焉；輿薪之不見，為不用明焉；百姓之不

遠 遠離。

忖度 思量揣摩。

戚戚 心動貌。

復 報告。

百鈞 三千斤，喻至重。一鈞等於三十斤。

秋毫之末 獸毛至秋而末銳，比喻至微而難見。

許 信。

見保，為不用恩焉。故王之不王，不為也，非不能也。」

曰：「不為者與不能者之形，何以異？」曰：「挾太山以超北海，語人曰『我不能』，是誠不能也；為長者折枝，語人曰『我不能』，是不為也，非不能也。故王之不王，非挾太山以超北海之類也；王之不王，是折枝之類也。

「老吾老，以及人之老；幼吾幼，以及人之幼，天下可運於掌。《詩》云：『刑于寡妻，至于兄弟，以御于家邦。』言舉斯心加諸彼而已。故推恩，足以保四海；不推恩，無以

形 情形。

超 越過。

北海 渤海，在齊國之北。

為長者折枝 受長者之命折草木之枝。

老 敬也。

幼 愛也。

運於掌 輕而易舉的意思。

刑 為之模範。

寡妻 國君自稱寡人，故謙稱其妻為寡妻。

御 進，獻。

保妻子。古之人所以大過人者，無他焉，善推其所為而已矣。今恩足以及禽獸，而功不至於百姓者，獨何與？

「權，然後知輕重；度，然後知長短。物皆然，心為甚。王請度之！」「抑王興甲兵，危士臣，構怨於諸侯，然後快於心與？」

王曰：「否，吾何快於是？將以求吾所大欲也。」

曰：「王之所大欲，可得聞與？」王笑而不言。

曰：「為肥甘不足於口與？輕暖不足於體與？抑為采色不足視於目與？聲音不足聽於

權 以秤稱物。

度 以尺量物。

抑 或許，也許。

構 結。

大欲 貪欲之大者，即最大的願望。

耳與？便嬖不足使令於前與？王之諸臣，皆足以供之，而王豈為是哉？」曰：「否，吾不為是也。」曰：「然則王之所大欲，可知已：欲闢土地，朝秦楚，莅中國，而撫四夷也。以若所為，求若所欲，猶緣木而求魚也。」王曰：「若是其甚與？」曰：「殆有甚焉！緣木求魚，雖不得魚，無後災；以若所為，求若所欲，盡心力而為之，後必有災。」曰：「可得聞與？」曰：「鄒人與楚人戰，則王以為孰勝？」曰：「楚人勝。」曰：「然則

便嬖 能說會道，善於迎合的寵臣、親信。

辟 開拓、開闢。

朝 使之來朝。

莅 君臨統治之意。

緣木 爬樹。

後必有災 孟子指盡心戰鬥，必有殘民破國之災。

小固不可以敵大，寡固不可以敵眾，弱固不可以敵彊。海內之地，方千里者九，齊集有其一；以一服八，何以異於鄒敵楚哉？蓋亦反其本矣。今王發政施仁，使天下仕者皆欲立於王之朝，耕者皆欲耕於王之野，商賈皆欲藏於王之市，行旅皆欲出於王之塗；天下之欲疾其君者，皆欲赴愬於王。其若是，孰能禦之？」

王曰：「吾惛，不能進於是矣。願夫子輔吾志，明以教我。我雖不敏，請嘗試之。」

曰：「無恆產而有恆心者，惟士為能。若民，則無恆產，因無恆心；苟無恆心，放辟

齊集有其一 指齊合併諸小國，其地千里，有天下九分之一。

蓋亦反其本 合當返王道之本。「蓋」同「盍」，合也。

疾 怨恨。

愬 訴苦。

惛 心思昏亂，愚昧

恆產 可常生之業。

恆心 人所常有之善心。

邪侈，無不為已。及陷於罪，然後從而刑之，是罔民也。焉有仁人在位，罔民而可為也？是故明君制民之產，必使仰足以事父母，俯足以畜妻子，樂歲終身飽，凶年免於死亡；然後驅而之善，故民之從之也輕。

「今也，制民之產，仰不足以事父母，俯不足以畜妻子；樂歲終身苦，凶年不免於死亡。此惟救死而恐不贍，奚暇治禮義哉？王欲行之，則盍反其本矣：五畝之宅，樹之以桑，五十者可以衣帛矣；雞豚狗彘之畜，無失其時，七十者可以食肉矣；百畝之田，勿奪其時，八口之家，可以無飢矣。謹庠序之

放辟邪侈 肆意為非作歹。

罔民 張羅網陷害人民。

樂歲 豐年。

輕 易也。

制 訂立制度。

贍 足。

奚暇 哪裡有空暇。

盍 何不。

教，申之以孝悌之義，頒白者不負戴於道路矣。老者衣帛食肉，黎民不飢不寒，然而不王者，未之有也。」

申 反覆開導。
頒白者 頭髮花白的老人。

梁惠王 下

1 莊暴見孟子曰：「暴見於王，王語暴以好樂，暴未有以對也。曰『好樂』，何如？」孟子曰：「王之好樂甚，則齊國其庶幾乎！」

他日，見於王曰：「王嘗語莊子以好樂，有諸？」

王變乎色，曰：「寡人非能好先王之樂也，直好世俗之樂耳。」曰：「王之好樂甚，則齊其庶幾乎！今之樂，猶古之樂也。」

曰：「可得聞與？」曰：「獨樂樂，與人樂樂，孰樂？」曰：「不若與人。」

曰：「與少樂樂，與眾樂樂，孰樂？」曰：「不若與眾。」

莊暴 齊國大臣。

見於王 被齊王召見。

庶幾 差不多。

莊子 此指莊暴。

變乎色 改變了臉色。

直 只是、僅僅。

猶 同也。

獨樂樂 獨自聽音樂取樂。

「臣請為王言樂：今王鼓樂於此，百姓聞王鐘鼓之聲、管籥之音，舉疾首蹙頞而相告曰：『吾王之好鼓樂，夫何使我至於此極也？父子不相見，兄弟妻子離散！』今王田獵於此，百姓聞王車馬之音，見羽旄之美，舉疾首蹙頞而相告曰：『吾王之好田獵，夫何使我至於此極也？父子不相見，兄弟妻子離散！』此無他，不與民同樂也。

「今王鼓樂於此，百姓聞王鐘鼓之聲、管籥之音，舉欣欣然有喜色而相告曰：『吾王庶幾無疾病與！何以能鼓樂也？』今王田獵於此，百姓聞王車馬之音，見羽旄之美，舉

鼓樂 奏樂。敲擊彈奏皆曰鼓。

管籥 趙注云：「管，笙；籥，簫。」笙是簧管樂器，商代甲骨文中已有記載；此處的簫是指排簫，與現在所稱類似笛的簫不同。

疾首蹙頞 疾首，頭痛。指憂苦至極。蹙頞，皺縮鼻翼。愁苦貌。

極 窮困。

田獵 在野外打獵。古人主張應該在農閒時候有節制地舉行，以免擾亂正常的生產秩序。

羽旄 羽是五彩鳥羽，旄指犛牛尾，本是繫於旌旛竿首的飾物，在此引申為旌旛之代稱。

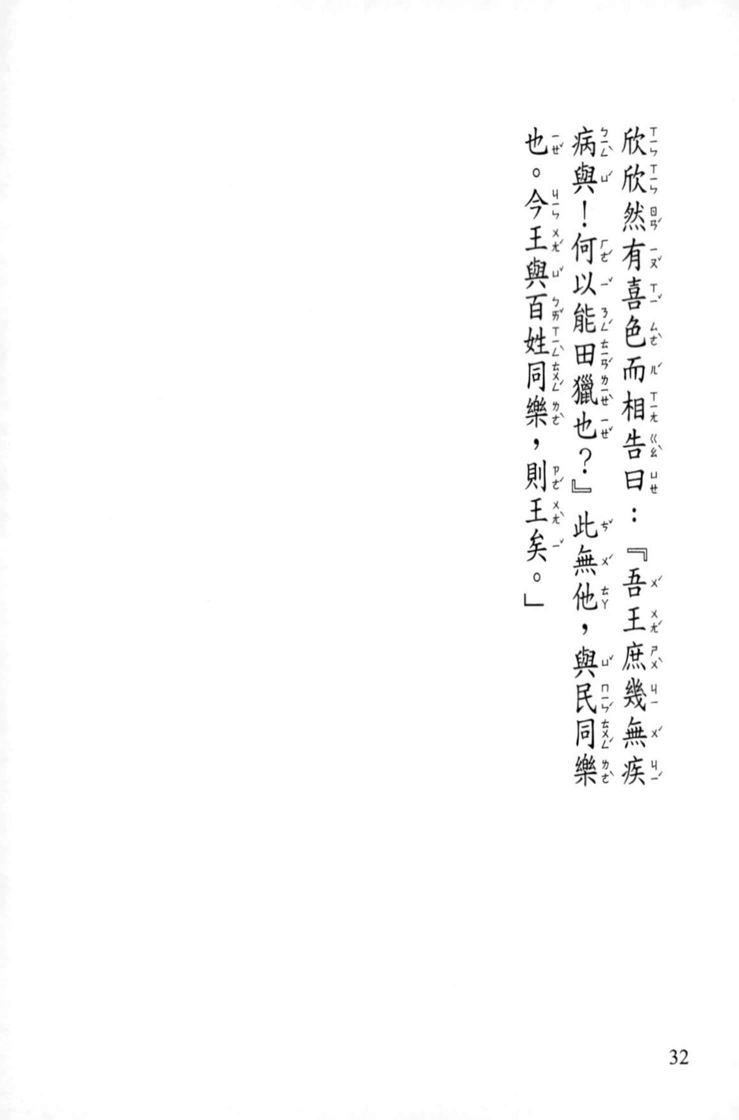

欣欣然有喜色而相告曰：『吾王庶幾無疾病與！何以能田獵也？』此無他，與民同樂也。今王與百姓同樂，則王矣。」

2

齊宣王問曰：「文王之囿方七十里，有諸？」孟子對曰：「於傳有之。」曰：「若是其大乎？」曰：「民猶以為小也。」曰：「寡人之囿方四十里，民猶以為大，何也？」曰：「文王之囿，方七十里，芻蕘者往焉，雉兔者往焉，與民同之；民以為小，不亦宜乎？臣始至於境，問國之大禁，然後敢入。臣聞郊關之內，有囿方四十里，殺其麋鹿者，如殺人之罪。則是方四十里，為阱於國中；民以為大，不亦宜乎？」

囿 古代供帝王貴族進行狩獵、遊樂的園林。

傳 古書。

芻蕘者 割草打柴的人。芻，草地。蕘，薪。

雉兔者 獵取山雉野兔的人。

問國之大禁 大禁，最大的禁忌。先行訪問，以免觸犯。

郊關 四郊之門。古代城邑四郊具拱衛防禦作用的關門。

為阱 布置陷阱。

3

齊宣王問曰：「交鄰國有道乎？」孟子對曰：「有。惟仁者為能以大事小，是故湯事葛、文王事昆夷。惟智者為能以小事大，故大王事獯鬻、句踐事吳。以大事小者，樂天者也；以小事大者，畏天者也。樂天者保天下，畏天者保其國。《詩》云：『畏天之威，于時保之。』」

王曰：「大哉言矣！寡人有疾，寡人好勇。」

對曰：「王請無好小勇。夫撫劍疾視曰：『彼惡敢當我哉！』此匹夫之勇，敵一人者也。王請大之。《詩》云：『王赫斯怒，爰整其旅，以遏徂莒，以篤周祜，以對于天下。』此文王

湯事葛 葛為小國，湯禮遇之，而葛君還隨意殺人，湯不得已而滅其國。

昆夷 西戎國名。昆夷伐周，一日三至周之東門，文王雖怒但仍派使者聘問，不廢交鄰之禮。

大王事獯鬻 大王即太王，周文王之祖古公亶父。獯鬻，北狄之強者，堯時曰葷粥，周曰獫狁，秦曰匈奴。匈奴欲侵地取財，大王不欲人民死傷，與所屬亡走岐下。

句踐事吳 越王句踐為吳夫差所敗。投降後，忍辱臥薪嘗膽，十年生聚，十年教訓，終於滅吳。

樂天 喜歡天理。

畏天 敬畏天理。

樂天者保天下 樂天的人包容大度。

畏天者保其國 畏天的人謹守禮法。

時 與「是」通。

之勇也。文王一怒而安天下之民。《書》曰：『天降下民，作之君，作之師，惟曰：其助上帝，寵之。四方有罪無罪，惟我在，天下曷敢有越厥志？』一人衡行於天下，武王恥之，此武王之勇也。而武王亦一怒而安天下之民。今王亦一怒而安天下之民，民惟恐王之不好勇也。」

寡人 秦始皇之前的君主自稱，春秋戰國時期常用。

疾 毛病。

小勇 指血氣之勇。

惡 何。

赫斯怒 本謂盛怒。語本《詩經．大雅．皇矣》：「王赫斯怒，爰整其旅。」後指帝王的怒氣。

爰整其旅 於是出兵討伐。爰，於是。旅，師眾。

以遏徂莒 以阻止開往莒國的軍隊。遏，止。徂，往，到。莒，古國名。

以篤周祜 以增厚周室的福祉。篤，厚。祜，福。

作之君作之師 立其君師。「之」指下民。

我 指君師。

天下曷敢有越厥志 天下人哪裡敢做出逾越本心的事呢？厥同「其」。

一人衡行 指紂橫行不法。「一人」乃獨夫之意。衡同「橫」。

4 齊宣王見孟子於雪宮。王曰：「賢者亦有此樂乎？」

孟子對曰：「有。人不得，則非其上矣。不得而非其上者，非也；為民上而不與民同樂者，亦非也。樂民之樂者，民亦樂其樂；憂民之憂者，民亦憂其憂。樂以天下，憂以天下，然而不王者，未之有也。

「昔者齊景公問於晏子曰：『吾欲觀於轉附、朝儛，遵海而南，放於琅邪，吾何修而可以比於先王觀也？』

「晏子對曰：『善哉問也！天子適諸侯曰巡狩；巡狩者，巡所守也。諸侯朝於天子曰述

雪宮 戰國時齊國的離宮名。

非 即非難、埋怨。

非也 錯誤。

樂以天下 君之樂由於天下百姓皆樂也。以，由。

齊景公 春秋時代齊國國君。

晏子 春秋時齊國賢相，名嬰。

轉附、朝儛 均為山名。

放 至。

琅邪 山名，在今山東省諸城東南。

何修 如何整備。

巡狩 即巡守，巡視諸侯為天子所守之土也。

職；述職者，述所職也。無非事者。春省耕而補不足，秋省斂而助不給；夏諺曰：『吾王不遊，吾何以休？吾王不豫，吾何以助？一遊一豫，為諸侯度。』今也不然：師行而糧食，飢者弗食，勞者弗息；睊睊胥讒，民乃作慝。方命虐民，飲食若流；流連荒亡，為諸侯憂。從流下而忘反，謂之流；從流上而忘反，謂之連；從獸無厭，謂之荒；樂酒無厭，謂之亡。先王無流連之樂、荒亡之行。惟君所行也。』

「景公說，大戒於國，出舍於郊。於是始興發，補不足。召太師，曰：『為我作君臣相

無非事 沒有不是正經大事的。

省斂 視察收穫。

給 足。

夏諺 夏朝的諺語。

休 息。

豫 義同「遊」。春行曰遊，秋行曰豫。

度 典範。

睊睊 側目怒視。

胥讒 互相毀謗。

慝 惡。

方命 違背先王之命。

流 放蕩。

連 逆水行舟，用徒役引之。

從獸 追逐禽獸。

荒 指政事荒廢。

亡 以致國家喪亡。

大戒 充分的準備。

太師 古代的樂官。

說之樂。』蓋〈徵招〉、〈角招〉是也。其《詩》曰：『畜君何尤！』畜君者，好君也。」

徵招角招 樂名，即太師承命而作者。
畜君何尤 阻止國君的私慾，有什麼罪過？畜，止。尤，過失。

5 齊宣王問曰：「人皆謂我毀明堂。毀諸？已乎？」

孟子對曰：「夫明堂者，王者之堂也；王欲行王政，則勿毀之矣。」

王曰：「王政可得聞與？」

對曰：「昔者文王之治岐也，耕者九一，仕者世祿，關市譏而不征，澤梁無禁，罪人不孥。老而無妻曰鰥，老而無夫曰寡，老而無子曰獨，幼而無父曰孤。此四者，天下之窮民而無告者。文王發政施仁，必先斯四者。《詩》云：『哿矣富人，哀此煢獨。』」

王曰：「善哉言乎！」

明堂 天子接見諸侯而設的建築。此時天子巡狩之禮已廢，諸侯不當居之，故有毀堂之憂。

已 止、不。

岐 又名岐周，岐山下之周原。

耕者九一 把耕地劃成井字形，每井九百畝，周圍八家各一百畝，屬私田，中間一百畝屬公田，由八家共同耕種，收入歸公家。故名九一稅制。

仕者世祿 仕者子孫承其俸祿。

關市譏而不征 在關卡和市場上設吏察問而不徵稅。

澤梁無禁 梁謂設置魚梁，堰水關孔以捕魚。無禁，不設禁令。

不孥 罪不及妻子。

無告 無處訴說痛苦。

哿 可以。

曰：「王如善之，則何為不行？」

王曰：「寡人有疾，寡人好貨。」

對曰：「昔者公劉好貨；《詩》云：『乃積乃倉，乃裹餱糧，于槖于囊，思戢用光。弓矢斯張，干戈戚揚，爰方啟行。』故居者有積倉，行者有裹糧也，然後可以『爰方啟行』。王如好貨，與百姓同之，於王何有？」

王曰：「寡人有疾，寡人好色。」

對曰：「昔者大王好色，愛厥妃；《詩》云：『古公亶父，來朝走馬，率西水滸，至於岐下，爰及姜女，聿來胥宇。』當是時也，內無怨女，外無曠夫。王如好色，與百姓同

煢獨 孤獨無依的人。無兄弟曰煢，無子曰獨。

好貨 喜歡財貨。

公劉 后稷的曾孫，周朝的始祖。

餱糧 乾糧。

槖囊 盛物之袋，不縫底而以繩繫兩端之口曰槖，縫底者曰囊。

思戢用光 安集人民，光大基業。思，語氣詞。

干戈戚揚 四種兵器。干，盾。戈，平頭戟。戚，斧。揚，鉞，大斧。

爰方啟行 爰，於是。方，開始。啟行，出發。

何有 何難之有。

古公亶父 周文王的祖父周太王。

來朝走馬 是說古公亶父欲避獯鬻之難，徹夜整裝，來日早旦即馳馬而行。來朝，翌晨。走，疾趨。走馬，疾馳其馬。

之，於王何有？」

率 循著。
滸 水涯。
姜女 太王之妃太姜。
聿 語首詞，無義。
胥宇 省視可住之處。
怨女曠夫 指已到婚齡而沒有合適配偶的男女。

6

孟子謂齊宣王曰：「王之臣，有託其妻子於其友，而之楚遊者；比其反也，則凍餒其妻子。則如之何？」王曰：「棄之。」

曰：「士師不能治士，則如之何？」王曰：「已之。」

曰：「四境之內不治，則如之何？」王顧左右而言他。

楚 國名，都郢（今湖北江陵西北），乃當時最南方的大國。

比 等到。

反 同「返」。

餒 飢餓。

棄之 與他絕交。

士師 獄官。

治士 管束屬下的鄉士、遂士。

已之 罷免他。

不治 指政治腐敗。

7

孟子見齊宣王，曰：「所謂故國者，非謂有喬木之謂也，有世臣之謂也。王無親臣矣；昔者所進，今日不知其亡也。」

王曰：「吾何以識其不才而舍之？」

曰：「國君進賢，如不得已，將使卑踰尊，疏踰戚，可不慎與？左右皆曰賢，未可也；諸大夫皆曰賢，未可也；國人皆曰賢，然後察之，見賢焉，然後用之。左右皆曰不可，勿聽；諸大夫皆曰不可，勿聽；國人皆曰不可，然後察之，見不可焉，然後去之。左右皆曰可殺，勿聽；諸大夫皆曰可殺，勿聽；國人皆曰可殺，然後察之，見可殺焉，然後

故國 指歷史悠久的國家。

喬木 高大的樹木，有年代久遠之意。

世臣 累世勳舊之臣。

親臣 君所親信之臣。

昔者 昔對今而言。昔者對今日則是昨日，此謂昨日。

進 進用。

亡 去位，去職。

不才 沒有才幹。

左右 指近臣。

殺之。故曰國人殺之也。如此，然後可以為民父母。」

8
齊宣王問曰：「湯放桀，武王伐紂，有諸？」

孟子對曰：「於傳有之。」

曰：「臣弒其君，可乎？」

曰：「賊仁者，謂之賊；賊義者，謂之殘。殘賊之人，謂之一夫。聞誅一夫紂矣，未聞弒君也。」

放 流放。成湯把桀放逐到南巢。

傳 史籍有記載。

弒 以下犯上殺死君王。

「賊仁者」四句 毀傷仁愛的人，叫做賊；毀傷道義的人，叫做殘。殘義賊仁的人，叫他做獨夫。

「聞誅」二句 我只聽說武王殺了叫做紂的獨夫，沒聽說武王殺死君上啊。誅，殺。一夫，獨斷專制的君王。

9 孟子見齊宣王，曰：「為巨室，則必使工師求大木。工師得大木，則王喜，以為能勝其任也。匠人斲而小之，則王怒，以為不勝其任矣。夫人幼而學之，壯而欲行之；王曰：『姑舍女所學而從我。』則何如？今有璞玉於此，雖萬鎰，必使玉人彫琢之。至於治國家，則曰：『姑舍女所學而從我。』則何以異於教玉人彫琢玉哉？」

工師 匠人之長。

勝其任 稱職。

姑 暫且。

璞玉 未經琢磨加工的玉石。

鎰 黃金二十兩。

玉人 玉工。

彫琢 刻治玉器。

10 齊人伐燕，勝之。宣王問曰：「或謂寡人勿取，或謂寡人取之。以萬乘之國，伐萬乘之國，五旬而舉之，人力不至於此。不取，必有天殃。取之何如？」

孟子對曰：「取之而燕民悅，則取之；古之人有行之者，武王是也。取之而燕民不悅，則勿取；古之人有行之者，文王是也。以萬乘之國，伐萬乘之國，簞食壺漿以迎王師，豈有他哉？避水火也。如水益深，如火益熱，亦運而已矣。」

燕 國名，都薊（今河北薊縣）。

取 據為己有。

旬 十日為旬。

天殃 天降的災殃。

武王 武王伐紂而殷民悅。

文王 商紂之時，文王三分天下有其二，取之懼殷民不悅，故未取之。

他 指其他的原因。

運 轉而另求賢君的意思。

11

齊人伐燕，取之。諸侯將謀救燕。宣王曰：「諸侯多謀伐寡人者，何以待之？」

孟子對曰：「臣聞七十里為政於天下者，湯是也。未聞以千里畏人者也。《書》曰：『湯一征，自葛始，天下信之。東面而征，西夷怨；南面而征，北狄怨；曰：『奚為後我！』民望之，若大旱之望雲霓也。歸市者不止，耕者不變。誅其君而弔其民，若時雨降，民大悅；《書》曰：『徯我后，后來其蘇。』

「今燕虐其民，王往而征之，民以為將拯己於水火之中也，簞食壺漿以迎王師；若殺其

待 禦。

湯一征自葛始 商湯征伐，從葛國開始。一征，初征。

奚為後我 為何把我擺在後面。

霓 虹霓清晨出現在西方，是下雨的徵兆。

歸市者 指做生意的人。

弔 安撫，慰問。

時雨 及時雨。

徯我后，后來其蘇 等待我們的王，他來了，我們也就復活了。徯，等待。后，君也。

父兄，係累其子弟，毀其宗廟，遷其重器，如之何其可也？天下固畏齊之強也，今又倍地而不行仁政，是動天下之兵也。王速出令，反其旄倪，止其重器；謀於燕眾，置君而後去之；則猶可及止也。」

係累 束縛，捆綁。

重器 貴重的祭器。

固 通「故」，本來就。

倍地 占領燕國，增加了一倍土地。

反其旄倪 把俘虜的老人和幼兒放回去。旄，老人。倪，小兒。

12

鄒與魯鬨。穆公問曰：「吾有司死者三十三人，而民莫之死也。誅之，則不可勝誅；不誅，則疾視其長上之死而不救。如之何則可也？」

孟子對曰：「凶年饑歲，君之民，老弱轉乎溝壑，壯者散而之四方者，幾千人矣；而君之倉廩實、府庫充，有司莫以告。是上慢而殘下也。曾子曰：『戒之戒之！出乎爾者，反乎爾者也。』夫民今而後得反之也，君無尤焉。君行仁政，斯民親其上，死其長矣。」

鄒與魯鬨 鄒國與魯國交戰。鬨，構兵而鬥。

穆公 鄒國的國君，鄒穆公。

有司 官吏。各有專司，故名。

莫之死 即「莫死之」的倒裝，「之」指「有司」。

疾視 瞋目怒視。

轉乎溝壑 死者多不勝葬，故遷而棄於溝壑之中。轉，遷移。溝壑，田中溝、山中澗。

倉廩 貯藏米穀的倉庫。

府庫 貯藏財物、兵甲的處所。

慢 輕忽政事。

反 還報。

13

滕文公問曰：「滕，小國也，間於齊楚。事齊乎？事楚乎？」

孟子對曰：「是謀非吾所能及也。無已，則有一焉：鑿斯池也，築斯城也，與民守之，效死而民弗去，則是可為也。」

滕文公 戰國時代滕國的國君，崇尚孟子之學，為太子時，曾在宋國見孟子，向其請教治國之策。

齊 國名，都臨淄。

是謀非吾所能及也 這項對策，不是我能想得到的。及，想得到。

無已 不得已。

池 護城河。

效死而民弗去 使人民情願效力到死，也不棄城逃走。

14

滕文公問曰：「齊人將築薛，吾甚恐，如之何則可？」

孟子對曰：「昔者大王居邠，狄人侵之，去之岐山之下居焉。非擇而取之，不得已也。苟為善，後世子孫必有王者矣。君子創業垂統，為可繼也；若夫成功，則天也。君如彼何哉？彊為善而已矣。」

築薛 在薛地築城。

邠 與「豳」同。周舊國。

創業垂統 創立功業，傳給後代子孫。垂，流傳。統，指一脈相承的系統。

彊 勉強、勉力。

15

滕文公問曰：「滕，小國也；竭力以事大國，則不得免焉。如之何則可？」

孟子對曰：「昔者大王居邠，狄人侵之。事之以皮幣，不得免焉；事之以犬馬，不得免焉；事之以珠玉，不得免焉。乃屬其耆老而告之曰：『狄人之所欲者，吾土地也。吾聞之也：君子不以其所以養人者害人。二三子何患乎無君？我將去之。』去邠，踰梁山，邑於岐山之下居焉。邠人曰：『仁人也，不可失也。』從之者如歸市。或曰：『世守也，非身之所能為也；效死勿去！』君請擇於斯二者。」

不得免 免不了受敵國侵伐。

皮幣 毛皮和繒帛，古代用作聘享的貴重禮物。

屬 會集。

去邠 離開邠地。

梁山 山名，在陝西乾縣西北。

邑 建立城邑。

歸市 爭先恐後，就同去趕市集一般。

「世守也」三句 此指土地是祖先交給子孫世代保守的東西，不是自己能作主放棄的，寧可拚死保衛，也不離開。

16

魯平公將出，嬖人臧倉者請曰：「他日君出，則必命有司所之；今乘輿已駕矣，有司未知所之，敢請。」公曰：「將見孟子。」曰：「何哉？君所為輕身以先於匹夫者，以為賢乎？禮義由賢者出，而孟子之後喪踰前喪。君無見焉。」公曰：「諾。」

樂正子入見曰：「君奚為不見孟軻也？」曰：「或告寡人曰：『孟子之後喪踰前喪。』是以不往見也。」曰：「何哉？君所謂踰者。前以士，後以大夫；前以三鼎，而後以五鼎與？」曰：「否，謂棺槨衣衾之美也。」

魯平公 魯君，名叔。

嬖人 身分卑下而受寵愛的人。指姬妾、侍臣、左右等。

請 問。

他日 昔日。

命有司所之 一定把要去的地方告訴執事的臣子。命，告。

後喪踰前喪 孟子前喪父，後喪母，此指孟子替母親辦喪事比替父親辦得隆重一些。

樂正子 樂正克，姓樂正，名克，是孟子弟子，為魯臣。典籍中常以「樂正子」稱呼他。

三鼎五鼎 鼎，食器名，此指盛祭品之鼎。三鼎是士祭禮，五鼎是大夫祭禮。

棺槨衣衾 古代棺木有兩重，盛放屍體的叫棺，套在棺外的叫槨。衣，斂衣。衾，死人蓋的被子。

曰：「非所謂踰也，貧富不同也。」

樂正子見孟子曰：「克告於君，君為來見也；嬖人有臧倉者沮君，君是以不果來也。」

曰：「行，或使之；止，或尼之；行止，非人所能也。吾之不遇魯侯，天也。臧氏之子，焉能使予不遇哉？」

為 將。

嬖人 寵臣。

沮 通「阻」。

不果 不能。

使之 慫恿他。

尼 止。

公孫丑上

1 公孫丑問曰：「夫子當路於齊，管仲、晏子之功，可復許乎？」

孟子曰：「子誠齊人也，知管仲、晏子而已矣！或問乎曾西曰：『吾子與子路孰賢？』曾西蹙然曰：『吾先子之所畏也。』曰：『然則吾子與管仲孰賢？』曾西艴然不悅曰：『爾何曾比予於管仲！管仲得君如彼其專也，行乎國政如彼其久也，功烈如彼其卑也！爾何曾比予於是！』」曰：「管仲，曾西之所不為也。而子為我願之乎？」

曰：「管仲以其君霸，晏子以其君顯；管仲、晏子，猶不足為與？」曰：「以齊王，由

公孫丑 姓公孫，名丑。孟子的學生，齊國人。

當路 當權，當政。

管仲 齊大夫，字仲，名夷吾。相齊桓公，霸諸侯。

許 興盛。

曾西 曾子之孫。一說即曾申，曾子之子。

吾子 相當於「吾兄」。

蹙然 不安的樣子。

先子 指曾子。

艴然 惱怒的樣子。

反手也。」曰：「若是，則弟子之惑滋甚。且以文王之德，百年而後崩，猶未洽於天下；武王、周公繼之，然後大行。今言王若易然，則文王不足法與？」

曰：「文王何可當也？由湯至於武丁，賢聖之君六七作，天下歸殷久矣，久則難變也。武丁朝諸侯，有天下，猶運之掌也。紂之去武丁未久也，其故家遺俗，流風善政，猶有存者；又有微子、微仲、王子比干、箕子、膠鬲，皆賢人也，相與輔相之；故久而後失之也。尺地，莫非其有也；一民，莫非其臣也；然而文王猶方百里起，是以難也。

反手 比喻事情很容易。
百年 泛指壽命很長。
洽 遍。
周公 名姬旦，周文王的兒子，武王的弟弟，輔助武王伐紂，統一天下，又輔助成王定亂，安定天下成為魯國的始祖。
武丁 殷王名，即高宗。
作 相當於「起」。
流風 流傳之教化。
微子 子姓，名啟，世稱微子、微子啟，是殷商宗室貴族，商王帝乙的長子，紂王的庶兄。為春秋宋國的開國始祖。
微仲 子姓，名衍，宋國第二任國君，孔子十五世祖。

齊人有言曰：『雖有智慧，不如乘勢；雖有鎡基，不如待時。』今時則易然也：夏后、殷、周之盛，地未有過千里者也，而齊有其地矣；雞鳴狗吠相聞，而達乎四境，而齊有其民矣。地不改辟矣，民不改聚矣；行仁政而王，莫之能禦也。且王者之不作，未有疏於此時者也；民之憔悴於虐政，未有甚於此時者也。飢者易為食，渴者易為飲。孔子曰：『德之流行，速於置郵而傳命。』當今之時，萬乘之國行仁政，民之悅之，猶解倒懸也。故事半古之人，功必倍之，惟此時為然。」

膠鬲 商周賢人，紂時因遭世亂，曾隱遁為商。後以之指士人不在位而處於困難之境。

輔相 輔助。

鎡基 農具。

時 耕種之時。

置郵 車馬傳遞為置，步行傳遞為郵，相當於後代的驛站。

2

公孫丑問曰：「夫子加齊之卿相，得行道焉，雖由此霸王不異矣。如此，則動心否乎？」孟子曰：「否。我四十不動心。」曰：「若是，則夫子過孟賁遠矣！」曰：「是不難。告子先我不動心。」曰：「不動心有道乎？」曰：「有。北宮黝之養勇也，不膚撓，不目逃；思以一毫挫於人，若撻之於市朝。不受於褐寬博，亦不受於萬乘之君；視刺萬乘之君，若刺褐夫，無嚴諸侯；惡聲至，必反之。孟施舍之所養勇也，曰：『視不勝猶勝也；量敵而後進，慮勝而後會，是畏三軍者

加 居。

卿相 相為百官之長，古以上卿任之，故曰卿相。

動心 心志浮動不安。

孟賁 古之勇士，衛人。

告子 與孟子同時的學者，姓告，名不詳。

北宮黝 齊人，姓北宮，名黝。

膚橈 橈同撓，屈也。指肌膚被刺而屈服。

目逃 目遇刺而轉睛逃避。

褐寬博 此指穿著寬大褐衣的匹夫，即下文的「褐夫」。

無嚴 不畏懼。

孟施舍 古人名。姓孟，名施舍；一說姓孟施，名舍。

視不勝猶勝也 指勇往直前，不畏戰敗。

三軍 周制天子六軍，諸侯三軍，每軍一萬二千五百人。此借指強敵眾多。

也。舍豈能為必勝哉？能無懼而已矣。』孟施舍似曾子，北宮黝似子夏。夫二子之勇，未知其孰賢；然而孟施舍守約也。昔者曾子謂子襄曰：『子好勇乎？吾嘗聞大勇於夫子矣：自反而不縮，雖褐寬博，吾不惴焉？自反而縮，雖千萬人，吾往矣！』孟施舍之守氣，又不如曾子之守約也。」

曰：「敢問夫子之不動心，與告子之不動心，可得聞與？」

「告子曰：『不得於言，勿求於心；不得於心，勿求於氣。』不得於心，勿求於氣，可；不得於言，勿求於心，不可。夫志，氣

「孟施舍似曾子」二句 孟施舍使自己不害怕的工夫，有點像曾子的反身求己；北宮黝專力對付敵人的工夫，有點像子夏的篤守聖道。

子夏 姓卜，名商，字子夏，孔子弟子。

守約 掌握較切要近理。

子襄 曾參弟子。

自反而不縮 自我反省而不覺理虧。

守氣 把握培養勇氣的道理。

勿求於氣 不問其口氣之好壞。

之帥也；氣，體之充也。夫志至焉，氣次焉，故曰：『持其志，無暴其氣。』」

「既曰『志至焉，氣次焉』，又曰『持其志，無暴其氣』者，何也？」

曰：「志壹則動氣；氣壹則動志也。今夫蹶者、趨者，是氣也；而反動其心。」

「敢問夫子惡乎長？」

曰：「我知言，我善養吾浩然之氣。」

「敢問何謂浩然之氣？」

曰：「難言也。其為氣也，至大至剛，以直養而無害，則塞於天地之間。其為氣也，配義與道；無是，餒也。是集義所生者，非義

次 止也。

持其志無暴其氣 當守其志，使不踰正軌，不亂其氣。

蹶 跳走。

趨 快步走。

直 正道。

配義與道 指氣因義道而盛大，道義得氣而伸張，兩相配合即「配義與道」。

餒 萎靡。

襲而取之也；行有不慊於心，則餒矣。我故曰告子未嘗知義，以其外之也。必有事焉而勿正，心勿忘，勿助長也。無若宋人然：宋人有閔其苗之不長而揠之者，芒芒然歸，謂其人曰：『今日病矣！予助苗長矣！』其子趨而往視之，苗則槁矣！天下之不助苗長者寡矣。以為無益而舍之者，不耘苗者也。助之長者，揠苗者也；非徒無益，而又害之。」

「何謂知言？」曰：「詖辭，知其所蔽；淫辭，知其所陷；邪辭，知其所離；遁辭，知其所窮。生於其心，害於其政，發於其政，

襲 掩取。
不慊於心 不合道義，內心不滿足。

閔 通「憫」。憂也。
芒芒 疲倦的樣子。
其人 其家人。
病 疲倦。

詖辭 偏執的言辭。
淫 放蕩。
陷 沉溺。
邪 邪僻。
離 叛離。
遁 逃避。
窮 困屈。

害於其事。聖人復起，必從吾言矣。」

「宰我、子貢，善為說辭。冉牛、閔子、顏淵，善言德行。孔子兼之，曰：『我於辭命，則不能也。』然則夫子既聖矣乎？」曰：「惡！是何言也！昔者子貢問於孔子曰：『夫子聖矣乎？』孔子曰：『聖，則吾不能，我學不厭，而教不倦也。』子貢曰：『學不厭，智也；教不倦，仁也。仁且智，夫子既聖矣！』夫聖，孔子不居。是何言也！」

「昔者竊聞之：子夏、子游、子張皆有聖人之一體，冉牛、閔子、顏淵則具體而微，敢問所安？」曰：「姑舍是。」

宰我、子貢 都是孔子弟子。宰我，姓宰，名予，字子我。子貢，姓端木，名賜，字子貢。

說辭 言語。

冉牛、閔子、顏淵 都是孔子弟子。冉牛，姓冉，名耕，字伯牛。閔子，姓閔，名損，字子騫。顏淵，姓顏，名回，字子淵。

聖 無所不通曰聖。

子游、子張 都是孔子弟子。子游，姓言，名偃，字子游。子張，姓顓孫，名師，字子張。

一體 一肢。

具體而微 有其全體但比聖人微小。

所安 所處。

曰：「伯夷、伊尹何如？」曰：「不同道。非其君不事，非其民不使，治則進，亂則退，伯夷也。何事非君？何使非民？治亦進，亂亦進，伊尹也。可以仕則仕，可以止則止，可以久則久，可以速則速，孔子也。皆古聖人也，吾未能有行焉；乃所願，則學孔子也。」

「伯夷、伊尹於孔子，若是班乎？」曰：「否。自有生民以來，未有孔子也！」

「然則有同與？」曰：「有。得百里之地而君之，皆能以朝諸侯，有天下；行一不義，殺一不辜，而得天下，皆不為也。是則同。」

伯夷、伊尹 伯夷，商末孤竹國君的長子。伊尹，商湯之相，曾輔湯滅夏。

班 等齊。

曰：「敢問其所以異？」曰：「宰我、子貢、有若，智足以知聖人；汙，不至阿其所好。宰我曰：『以予觀於夫子，賢於堯舜遠矣。』子貢曰：『見其禮而知其政，聞其樂而知其德，由百世之後，等百世之王，莫之能違也。自生民以來，未有夫子也！』有若曰：『豈惟民哉？麒麟之於走獸，鳳凰之於飛鳥，泰山之於丘垤，河海之於行潦，類也。聖人之於民，亦類也；出於其類，拔乎其萃，自生民以來，未有盛於孔子也！』」

汙 通「夸」，誇大也。
阿 私也。
堯舜 儒家推崇他們是古代聖君。
等 等第。
夫子 指孔子。
麒麟 傳說中的仁獸。雄曰麒，雌曰麟。
鳳凰 傳說的瑞鳥。雄曰鳳，雌曰凰。
垤 螞蟻做窩時封在洞口的土。
行潦 溝中的流水。
萃 聚也。
盛 盛美，偉大。

3

孟子曰：「以力假仁者霸，霸必有大國。以德行仁者王，王不待大：湯以七十里，文王以百里。以力服人者，非心服也，力不贍也。以德服人者，中心悅而誠服也，如七十子之服孔子也。《詩》云：『自西自東，自南自北，無思不服。』此之謂也。」

以力假仁者霸 用武力做後盾，假借仁愛的名義進行侵略的人，就能稱霸於諸侯。

待 等待，引申為依靠。

服 使人降服。

贍 充足。

《詩》 引自《詩經・大雅・文王有聲》。

思 語助詞，無義。「無思不服」即無不服。服，歸服。

4 孟子曰：「仁則榮，不仁則辱。今惡辱而居不仁，是猶惡濕而居下也。

「如惡之，莫如貴德而尊士。賢者在位，能者在職，國家閒暇，及是時明其政刑，雖大國必畏之矣。《詩》云：『迨天之未陰雨，徹彼桑土，綢繆牖戶；今此下民，或敢侮予？』孔子曰：『為此詩者，其知道乎！能治其國家，誰敢侮之？』

「今國家閒暇，及是時般樂怠敖，是自求禍也。禍福無不自己求之者！《詩》云：『永言配命，自求多福。』〈太甲〉曰：『天作孽，猶可違；自作孽，不可活。』此

貴德 重視德行。

士 指有才能的人。

位 朝位。

職 官職。

閒暇 指國家安定無內憂外患。

迨 乘、及。

《詩》 引自《詩經．豳風．鴟鴞》。

徹彼桑土 徹通「撤」，取也。桑土，桑根皮也。

綢繆 絞結束縛。

牖戶 指巢穴的出入通氣處。

下民 民義同「人」。此處以鴟鴞的口吻，其巢在上，所以稱人為「下民」。

予 鳥自稱也。

道 防患未然之道。

般樂 大肆作樂。

怠敖 怠惰遨遊。

《詩》 引自《詩經．大雅．文王》。

之謂也。」

永言配命，自求多福 常思慮自己的行為是否合乎天理，以求美好的幸福生活。

「天作孽」四句 上天造成災禍，還可以避開；自己造成災禍，那就活不成了。違，避。活，「逭」的借字，是「逃」的意思。

5 孟子曰：「尊賢使能，俊傑在位，則天下之士，皆悅而願立於其朝矣。市，廛而不征，法而不廛，則天下之商，皆悅而願藏於其市矣；關，譏而不征，則天下之旅，皆悅而願出於其路矣；耕者，助而不稅，則天下之農，皆悅而願耕於其野矣。廛，無夫里之布，則天下之民，皆悅而願為之氓矣。信能行此五者，則鄰國之民，仰之若父母矣。率其子弟，攻其父母，自生民以來，未有能濟者也。如此，則無敵於天下；無敵於天下者，天吏也。然而不王者，未之有也。」

俊傑 才德出眾者。

廛 市中儲藏或堆積貨物的貨棧。

法而不廛 指官方依法規收購長期積壓於貨棧的貨物，以保證商人的利益。

譏 通「稽」。稽查。

旅 客寄他鄉之人。

助而不稅 指「耕者九一」的井田制只幫助種公田而不再收稅。

廛，無夫里之布 廛，這裡指民居。布，錢。里布、夫布，皆雜稅之稱。

氓 指從別處移居來的移民。

信 誠。

天吏 奉行天命的官吏。

6

孟子曰：「人皆有不忍人之心。先王有不忍人之心，斯有不忍人之政矣。以不忍人之心，行不忍人之政，治天下可運之掌上。

「所以謂人皆有不忍人之心者：今人乍見孺子將入於井，皆有怵惕惻隱之心；非所以內交於孺子之父母也，非所以要譽於鄉黨朋友也，非惡其聲而然也。

「由是觀之，無惻隱之心，非人也；無羞惡之心，非人也；無辭讓之心，非人也；無是非之心，非人也。惻隱之心，仁之端也；羞惡之心，義之端也；辭讓之心，禮之端也；是非之心，智之端也。人之有是四端也，猶

不忍人之心 不忍他人受害之心。

乍 突然、忽然。

孺子 小孩子。

怵惕 驚懼。

惻隱 哀痛。

內交 內交即結交，內同「納」。

要譽 博取名譽。要同「邀」，求。

鄉黨 鄉里。

惡其聲 憎惡會落得殘忍的惡名。

端 開端，起源。

其有四體也；有是四端而自謂不能者，自賊者也；謂其君不能者，賊其君者也。

「凡有四端於我者，知皆擴而充之矣，若火之始然，泉之始達。苟能充之，足以保四海；苟不充之，不足以事父母。」

四體 四肢。

賊 害。

「若火之始然」二句 指善端好像火剛燃燒起來，或如泉水剛才湧流出來似的。

四海 天下。

7
孟子曰：「矢人豈不仁於函人哉？矢人惟恐不傷人，函人惟恐傷人。巫匠亦然。故術不可不慎也。孔子曰：『里仁為美。擇不處仁，焉得智？』夫仁，天之尊爵也，人之安宅也；莫之禦而不仁，是不智也。不仁不智，無禮無義，人役也。人役而恥為役，由弓人而恥為弓、矢人而恥為矢也。如恥之，莫如為仁。仁者如射：射者正己而後發；發而不中，不怨勝己者，反求諸己而已矣。」

矢人 造箭的人。
函人 造鎧甲的人。
巫 降神驅病的巫醫。
匠 製作棺槨的工匠。
「里仁為美」三句 見《論語．里仁》第一章。鄉里中要有仁厚的風俗才好；選擇住所不選在風俗仁厚的地方，怎麼算得上是明智呢？
天之尊爵 仁是上天給人最尊貴的爵位。
安宅 仁是人可安居之住宅。
禦 阻擋也。
人役 為人役使之人。
弓人 造箭的人。

8 孟子曰：「子路，人告之以有過則喜；禹聞善言則拜。大舜有大焉：善與人同，舍己從人，樂取於人以為善。自耕稼陶漁，以至為帝，無非取於人者。取諸人以為善，是與人為善者也。故君子莫大乎與人為善。」

大舜有大焉 舜又比子路和夏禹這兩個人偉大。

善與人同 善與人相交通而無所隔閡。

舍己從人 能放下自己的成見，欣賞他人的性情與表現。

樂取於人以為善 以他人之美善為美善，而樂於去學習。

「自耕稼陶漁」三句 舜微賤時，曾耕於歷山，陶於河濱，漁於當澤；一直到當了帝王，沒有不是採取別人的長處，自己照樣去做的。

與 助。

9

孟子曰：「伯夷，非其君不事，非其友不友；不立於惡人之朝，不與惡人言；立於惡人之朝，與惡人言，如以朝衣朝冠，坐於塗炭。推惡惡之心，思與鄉人立，其冠不正，望望然去之，若將浼焉。是故諸侯雖有善其辭命而至者，不受也；不受也者，是亦不屑就已。柳下惠不羞汙君，不卑小官；進不隱賢，必以其道；遺佚而不怨，阨窮而不憫。故曰：『爾為爾，我為我，雖袒裼裸裎於我側，爾焉能浼我哉！』故由由然與之偕而不自失焉。援而止之而止；援而止之而止者，是亦不屑去已。」孟子曰：「伯夷隘，柳下

非其君不事 不合自己心意的國君他絕不事奉。

非其友不友 不是他喜歡的朋友絕不結交。

朝 朝廷。

以 穿戴著。

朝衣朝冠 上朝的時候所穿戴的衣冠。

塗炭 淤泥和黑炭。喻汙穢之物。

推 推究。

惡惡 厭惡邪惡。

鄉人 同鄉之人，平常人。

冠 禮帽。

望望然 離去而不回頭的樣子。

浼 受到汙染。

善其辭命 用華美的言辭和隆重的任命。

至 前來聘請。

不屑就 不願屈節去接受。

柳下惠 魯國大夫展禽，因居住在柳下而以為氏，惠是其諡號。

惠不恭。隘與不恭，君子不由也。」

不羞汙君 不把事奉汙穢的國君當做羞恥。

不卑小官 不把充任小官當做卑下之事。

進不隱賢 得到任用的時候，毫不隱藏自己的才能。

必以其道 凡事用他的直道去處理。

遺佚 被君王放棄不用。

阨 受到困窘。

憫 憂慮。

袒裼 脫去上衣，裸露上身。

裸裎 脫去衣服，裸露身體。

由由然 自得的樣子。

偕 在一起。

援而止之 有人拉住而要留住他。

不屑去 不以離開看作清高之事。

隘 心胸狹窄。

不恭 過於簡單怠慢。

由 遵從。

公孫丑 下

1 孟子曰：「天時不如地利，地利不如人和。三里之城，七里之郭，環而攻之而不勝。夫環而攻之，必有得天時者矣；然而不勝者，是天時不如地利也。城非不高也，池非不深也，兵革非不堅利也，米粟非不多也，委而去之，是地利不如人和也。」

「故曰：域民不以封疆之界，固國不以山谿之險，威天下不以兵革之利；得道者多助，失道者寡助。寡助之至，親戚畔之；多助之至，天下順之。以天下之所順，攻親戚之所畔，故君子有不戰，戰必勝矣。」

天時 指有利於戰爭的時令、氣候、天象等。

地利 指城高池深、山川險要等對攻守有利的地理環境。

人和 指人心所向、上下團結。

城 古代城市有內外之分，內城稱「城」，外城稱「郭」。

革 甲。

米粟 泛指糧食。

委 放棄。

域 此處指限定範圍。

畔 通「叛」，背叛。

「君子有不戰」二句 得正道的君王不戰鬥則已，戰鬥的話一定會獲勝。

2

孟子將朝王。王使人來曰：「寡人如就見者也，有寒疾，不可以風。朝，將視朝，不識可使寡人得見乎？」對曰：「不幸而有疾，不能造朝。」明日，出弔於東郭氏。公孫丑曰：「昔者辭以病，今日弔，或者不可乎？」曰：「昔者疾，今日愈，如之何不弔？」王使人問疾，醫來。孟仲子對曰：「昔者有王命，有采薪之憂，不能造朝。今病小愈，趨造於朝，我不識能至否乎？」使數人要於路，曰：「請必無歸，而造於朝。」

王 指齊宣王。
如 應當。
寒疾 畏寒之病，不可受風。
朝，將視朝 夫子如果願意來朝見，我將勉強抱病登朝。
不識 不知。
造朝 上朝。
東郭氏 齊國的大夫。
昔者 昨日。

愈 病好了。

孟仲子 孟子的堂兄弟，跟隨孟子學習。
采薪之憂 疲於採樵所致之病，此為臣對君告病之謙辭。

要 攔截。

不得已，而之景丑氏宿焉。景子曰：「內則父子，外則君臣，人之大倫也。父子主恩，君臣主敬。丑見王之敬子也，未見所以敬王也。」

曰：「惡！是何言也！齊人無以仁義與王言者，豈以仁義為不美也？其心曰『是何足與言仁義也』云爾，則不敬莫大乎是。我非堯舜之道，不敢以陳於王前，故齊人莫如我敬王也。」

景子曰：「否，非此之謂也。《禮》曰：『父召，無諾；君命召，不俟駕。』固將朝也，聞王命而遂不果，宜與夫禮若不相似然。」

景丑氏 齊國的大夫。下文景子即謂景丑。

惡 音同「嗚」，表示驚訝的語氣。

云爾 肯定的語氣。

父召無諾 聽到父親叫，不等說「諾」就要起身。

君命召，不俟駕 國君召見，不能等到駕好車才出門應命。

固 本來。

曰：「豈謂是與？曾子曰：『晉楚之富，不可及也。彼以其富，我以吾仁；彼以其爵，我以吾義，吾何慊乎哉？』夫豈不義而曾子言之？是或一道也。天下有達尊三：爵一，齒一，德一。朝廷莫如爵，鄉黨莫如齒，輔世長民莫如德。惡得有其一，以慢其二哉？故將大有為之君，必有所不召之臣；欲有謀焉則就之。其尊德樂道，不如是，不足與有為也。故湯之於伊尹，學焉而後臣之，故不勞而王；桓公之於管仲，學焉而後臣之，故不勞而霸。今天下地醜德齊，莫能相尚；無他，好臣其所教，而不好臣其所受教。湯之

豈謂是與 哪裡是這麼說的呢？

慊 不滿足。

達尊 人所共尊。

慢 輕侮。

學焉而後臣之 先從受學，師之也。後以為臣，任之也。

地醜德齊 土地大小相似，德教高低齊平。比喻彼此條件一樣。

莫能相尚 沒有可以互相超過的。

所教 指可以役使者。

所受教 指賢德可以從而受教者。

於伊尹，桓公之於管仲，則不敢召；管仲且猶不可召，而況不為管仲者乎？」

不敢召 不敢隨意召喚。

3
陳臻問曰：「前日於齊，王餽兼金一百而不受；於宋，餽七十鎰而受；於薛，餽五十鎰而受。前日之不受是，則今日之受非也；今日之受是，則前日之不受非也。夫子必居一於此矣！」

孟子曰：「皆是也。當在宋也，予將有遠行；行者必以贐，辭曰『餽贐』，予何為不受？當在薛也，予有戒心；辭曰『聞戒，故為兵餽之』，予何為不受？若於齊，則未有處也。無處而餽之，是貨之也。焉有君子而可以貨取乎？」

陳臻 孟子的學生。
兼金 精金。因其價格雙倍於普通金，所以稱為「兼金」。周代稱銅為金，非黃金也。
一百 即一百鎰，鎰為古代重量單位，一鎰為二十兩。
將有遠行 此指孟子將去宋適梁。
贐 送行贈別的財物。
薛 春秋時有薛國，但在孟子的時代已被齊國所滅，這裡的薛是指齊國靖郭君田嬰的封地，在今山東滕縣東南。
戒心 戒備意外發生。
未有處 指在道理上站不住腳。
貨 以金錢收買。

4

孟子之平陸，謂其大夫曰：「子之持戟之士，一日而三失伍，則去之否乎？」曰：「不待三。」「然則子之失伍也亦多矣！凶年饑歲，子之民，老羸轉於溝壑，壯者散而之四方者，幾千人矣。」曰：「此非距心之所得為也。」曰：「今有受人之牛羊而為之牧之者，則必為之求牧與芻矣。求牧與芻而不得，則反諸其人乎？抑亦立而視其死與？」曰：「此則距心之罪也。」他日，見於王曰：「王之為都者，臣知五人焉；知其罪者，惟孔距心。」為王誦之。

王曰：「此則寡人之罪也。」

平陸 齊國的邊邑。

大夫 守邑的大夫，此指孔距心。

持戟之士 持戟之衛士。

去之 罷去。

不待三 不必等到三次。

失伍 失其行列，指失職。

羸 弱也。

所得為 所得專為。

「今有受人牛羊」二句 前者之「牧」指替人放牧，後者之「牧」指牧地。芻，飼牛羊之草。

為都 治理都邑。

誦 說。

5

孟子謂蚳鼃曰：「子之辭靈丘而請士師，似也；為其可以言也。今既數月矣，未可以言與？」

蚳鼃諫於王而不用，致為臣而去。

齊人曰：「所以為蚳鼃，則善矣；所以自為，則吾不知也。」

公都子以告。

曰：「吾聞之也：有官守者，不得其職則去；有言責者，不得其言則去。我無官守，我無言責也。則吾進退，豈不綽綽然有餘裕哉？」

蚳鼃 齊國大夫。
靈丘 齊國南境邊邑名。
士師 官名，掌禁令、獄訟、刑罰，為古代法官之通稱。
似也 似乎很有道理。
致為臣 致，還也。還祿位於君，即辭職也。

公都子 孟子的弟子。

官守 官位職守。
職 職事。
言責 獻言之責。
綽綽然 寬裕貌。
餘裕 寬舒有餘。

6 孟子為卿於齊，出弔於滕，王使蓋大夫王驩為輔行。王驩朝暮見；反齊滕之路，未嘗與之言行事也。

公孫丑曰：「齊卿之位，不為小矣；齊滕之路，不為近矣，反之而未嘗與言行事，何也？」

曰：「夫既或治之，予何言哉？」

出弔於滕 孟子奉齊王命，出弔滕君之喪。
蓋 齊國邑名。
王驩 齊王寵臣，後為右師，是個讒佞小人。
輔行 副使。
反 往而還也。
行事 出使之事。

或 有人。

7

孟子自齊葬於魯，反於齊，止於嬴。充虞請曰：「前日不知虞之不肖，使虞敦匠事。嚴，虞不敢請；今願竊有請也：木若以美然。」

曰：「古者棺槨無度。中古棺七寸，槨稱之。自天子達於庶人，非直為觀美也，然後盡於人心。不得，不可以為悅；無財，不可以為悅。得之為有財，古之人皆用之，吾何為獨不然？且比化者，無使土親膚，於人心獨無恔乎？吾聞之也：君子不以天下儉其親。」

齊葬於魯 孟子仕於齊，喪母，歸葬於魯。

嬴 嬴邑。孟子回齊國後歇宿於營此。

充虞 孟子的學生。

請 問也。

敦 監督。

匠事 木匠製作棺材的事。

嚴 急。

請 有事相問。

木若以美 棺木似乎太好了。

棺槨無度 指棺與槨都沒有尺寸規定。

中古 指周公制禮以後的時代。

槨稱之 指槨薄於棺，厚薄相稱。

觀美 即美觀。

不得 指禮制不允許。

不可以為悅 指人子之心不會感到悅足。

比 為了。

化者 死者。

恔 快慰，滿足。

不以天下儉其親 不以天下人所得用之物儉約於其親，意即事親須竭其力。

8

沈同以其私問曰：「燕可伐與？」孟子曰：「可。子噲不得與人燕，子之不得受燕於子噲。有仕於此，而子悅之，不告於王，而私與之吾子之祿爵；夫士也，亦無王命，而私受之於子；則可乎？何以異於是？」

齊人伐燕。或問曰：「勸齊伐燕，有諸？」曰：「未也。沈同問：『燕可伐與？』吾應之曰：『可。』彼然而伐之也。彼如曰：『孰可以伐之？』則將應之曰：『為天吏，則可以伐之。』今有殺人者，或問之曰：『人可殺與？』則將應之曰：『可。』彼如曰：『孰可

沈同 齊國的大臣。
私 私人身分。
燕 周代諸侯國名。
子噲 燕國的國君。
子之 燕國的宰相。
仕 為官。

彼然 彼以為可伐。

天吏 奉行天命管理人民的官員。

以殺之？』則將應之曰：『為士師，則可以殺之。』今以燕伐燕，何為勸之哉？」

士師 主管獄訟的官吏。
以燕伐燕 指齊國與燕國一樣無道，拿齊國伐燕國，等於拿燕國伐燕國。

9

燕人畔。王曰：「吾甚慙於孟子。」

陳賈曰：「王無患焉。王自以為與周公孰仁且智？」

王曰：「惡！是何言也！」

曰：「周公使管叔監殷，管叔以殷畔。知而使之，是不仁也；不知而使之，是不智也。仁智，周公未之盡也；而況於王乎？賈請見而解之。」

見孟子，問曰：「周公何人也？」曰：「古聖人也。」

曰：「使管叔監殷，管叔以殷畔也，有諸？」

曰：「然。」

燕人畔 齊破燕，燕王噲死，子之亡。趙國便召燕公子職於韓，派樂池送入燕，立為燕王，就是燕昭王。齊宣王原意在吞併燕國，而諸侯和燕人合謀另立燕王，反抗齊國，從齊王言之，說這是「背叛」。

慙 今作「慚」。

陳賈 齊國大夫。

「周公使管叔監殷」二句 周武王滅了殷紂，把紂的兒子武庚封在殷地，周公使哥哥管叔加以監督；後來管叔卻據殷地背叛，被周公討平殺死。

曰：「周公知其將畔而使之與？」曰：「不知也。」

「然則聖人且有過與？」曰：「周公弟也，管叔兄也。周公之過，不亦宜乎？且古之君子，過則改之；今之君子，過則順之。古之君子，其過也，如日月之食，民皆見之；及其更也，民皆仰之。今之君子，豈徒順之，又從為之辭。」

不亦宜乎 不也是應該的嗎？

順之 遂其過而不知改也。

日月之食 日蝕月蝕的「蝕」字，古書多作「食」字。

更 改也。

仰 欽仰。

辭 強辯。

10

孟子致為臣而歸。王就見孟子曰：「前日願見而不可得，得侍同朝，甚喜。今又棄寡人而歸，不識可以繼此而得見乎？」

對曰：「不敢請耳，固所願也。」

他日，王謂時子曰：「我欲中國而授孟子室，養弟子以萬鍾，使諸大夫國人，皆有所矜式。子盍為我言之。」

時子因陳子而以告孟子。陳子以時子之言告孟子，孟子曰：「然，夫時子惡知其不可也？如使予欲富，辭十萬而受萬，是為欲富乎？季孫曰：『異哉，子叔疑！使己為政，不用，則亦已矣；又使其子弟為卿。人

致為臣而歸 指孟子辭去齊宣王的客卿而歸故鄉。致，歸還的意思。

王就見孟子 指齊王親自來見孟子。

得侍同朝 意為齊王等到孟子來齊才得以同朝接待。

不敢請耳，固所願也 我只是不敢請求，這本來就是我心中所願啊！

時子 齊王的臣子。

中國 在國都中，指臨淄城。

萬鍾 鍾，古代89量器。齊國量器有豆、區、釜、鍾四種。每豆四升，每區四斗，每釜四區，每鍾十釜。萬鍾為六萬四千石。此指齊王欲每年給孟子一萬鍾的津貼。

矜式 敬重，效法。

陳子 孟子的弟子陳臻。

亦孰不欲富貴？而獨於富貴之中，有私龍斷焉。』古之為市也，以其所有，易其所無者，有司者治之耳。有賤丈夫焉，必求龍斷而登之，以左右望而罔市利；人皆以為賤，故從而征之。征商，自此賤丈夫始矣。」

季孫 趙岐注為孟子的弟子，朱熹則認為「不知何時人」。

子叔疑 人名，與季孫一樣不可考。

龍斷 即「壟斷」。原指高而不相連屬的土墩子，後引申為把持、獨占。

治之 治其爭訟。

賤 卑賤。

丈夫 對成年男子的通稱。

左右望 這個那個都想要。

罔 同「網」。網羅而取之。

征 征稅之意。

11

孟子去齊，宿於晝。有欲為王留行者，坐而言；不應，隱几而臥。

客不悅曰：「弟子齊宿而後敢言，夫子臥而不聽，請勿復敢見矣！」

曰：「坐！我明語子。昔者魯繆公無人乎子思之側，則不能安子思；泄柳、申詳無人乎繆公之側，則不能安其身。子為長者慮，而不及子思；子絕長者乎？長者絕子乎？」

去 離開。

晝 齊國邑名，在今山東臨淄附近。

坐而言 恭敬坐著說些挽留的話。

隱几 倚靠在几案上。

齊宿 齋戒過夜。齊同「齋」，齋戒。古人在有重大事情前，沐浴更衣，不飲酒，不吃葷，以示誠敬，稱齋戒。

我明語子 我明白地告訴你。

子思 名孔伋，孔子之孫。魯繆公尊敬子思，常派人在子思身邊伺候致意，使子思安心。

泄柳、**申詳** 同為魯繆公時賢人。泄柳亦稱子柳；申詳，孔子弟子子張之子。

絕 棄絕。

12

孟子去齊，尹士語人曰：「不識王之不可以為湯武，則是不明也；識其不可，然且至，則是干澤也。千里而見王，不遇故去，三宿而後出晝，是何濡滯也！士則茲不悅。」

高子以告。

曰：「夫尹士惡知予哉？千里而見王，是予所欲也；不遇故去，豈予所欲哉？予不得已也！予三宿而出晝，於予心猶以為速；王庶幾改之。王如改諸，則必反予。夫出晝而王不予追也，予然後浩然有歸志。予雖然，豈舍王哉？王由足用為善；王如用予，則豈徒齊民安，天下之民舉安。王庶幾改之，予日

尹士 齊人。

不明 此乃尹士指孟子糊塗不明。

干澤 猶干祿，求取利祿。

不遇 不得志，意見不合。

濡滯 停留，遲滯。

高子 孟子的學生。

庶幾改之 指齊王或許可以改變心意。

浩然 形容歸志之決。

王由足用為善 指齊王天資樸實，還能夠推行善政。足用，足以。

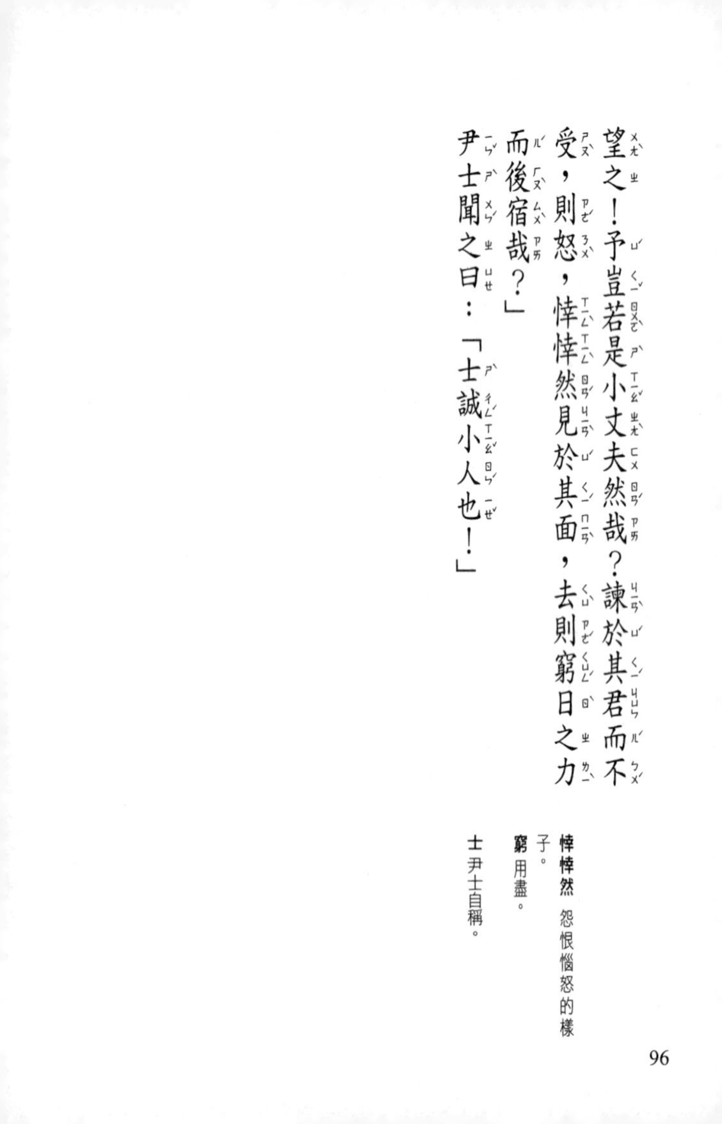

望之！予豈若是小丈夫然哉？諫於其君而不受，則怒，悻悻然見於其面，去則窮日之力而後宿哉？」

尹士聞之曰：「士誠小人也！」

悻悻然 怨恨惱怒的樣子。

窮 用盡。

士 尹士自稱。

13

孟子去齊，充虞路問曰：「夫子若有不豫色然。前日虞聞諸夫子曰：『君子不怨天，不尤人。』」

曰：「彼一時，此一時也。五百年必有王者興，其間必有名世者。由周而來，七百有餘歲矣。以其數，則過矣；以其時考之，則可矣。夫天未欲平治天下也；如欲平治天下，當今之世，舍我其誰也？吾何為不豫哉？」

不豫 不悅。

尤 怨咎。

「五百年必有王者興」二句 自古以來，大約每隔五百年，一定有聖王興起，這中間也一定有名傳當世、輔佐聖王的賢人。

數 謂五百年之期。

時 時勢。

14

孟子去齊，居休。公孫丑問曰：「仕而不受祿，古之道乎？」

曰：「非也。於崇，吾得見王，退而有去志；不欲變，故不受也。繼而有師命，不可以請；久於齊，非我志也。」

休 地名。

崇 地名。

退而有去志 孟子在崇邑見到齊王，回來就有了離開齊國的意思。

不變 謂不變其去志。

師命 出師作戰的命令。

不可以請 不可以求去。

滕文公上

1 滕文公為世子，將之楚，過宋而見孟子。孟子道性善，言必稱堯舜。世子自楚反，復見孟子。孟子曰：「世子疑吾言乎？夫道，一而已矣。成覸謂齊景公曰：『彼，丈夫也；我，丈夫也；吾何畏彼哉？』顏淵曰：『舜何人也？予何人也？有為者亦若是。』公明儀曰：『文王我師也，周公豈欺我哉？』今滕絕長補短，將五十里也，猶可以為善國。《書》曰：『若藥不瞑眩，厥疾不瘳。』」

滕文公 戰國中期滕國國君，滕定公之子。曾以太子身分出使楚國，途經宋國時，兩次拜見孟子，向他請教治理國家的辦法。

世子 即太子。

言必稱堯舜 孟子向滕文公講述人性本善的道理，不斷地舉堯舜的言行來佐證。

夫道，一而已矣 邊下的道理，只有一個行善罷了。

成覸 齊國勇士。

公明儀 複姓公明，名儀，魯國賢人，曾子學生。

絕 截也。

善國 美善之國。

「若藥不瞑眩」二句 若藥力太小，吃下去不能引起病人眼花心亂之感，他的病是不會好的。瞑眩，眼睛昏花看不清楚。瘳，病愈。

2

滕定公薨。世子謂然友曰：「昔者孟子嘗與我言於宋，於心終不忘。今也不幸，至於大故，吾欲使子問於孟子，然後行事。」然友之鄒，問於孟子。

孟子曰：「不亦善乎！親喪，固所自盡也。曾子曰：『生，事之以禮；死，葬之以禮，祭之以禮；可謂孝矣。』諸侯之禮，吾未之學也。雖然，吾嘗聞之矣：三年之喪，齊疏之服，飦粥之食，自天子達於庶人，三代共之。」

然友反命。定為三年之喪。父兄百官皆不欲也，故曰：「吾宗國魯先君莫之行，吾先君

滕定公 滕文公的父親。

薨 古代稱侯王死叫「薨」。

然友 世子的老師。

大故 謂父母之喪。

行事 舉行喪禮。

之 至，到。

不亦善乎 好極了。

自盡 盡自己最大的心力。

曾子曰 這幾句話在《論語·為政》中是孔子對樊遲說的。

三年之喪 指子女為父母、臣下為君主守孝三年。

齊疏之服 用粗布做的不縫底邊的孝服。

飦粥 這裡指稀粥。飦，糜也。粥，濁於糜。

反命 覆命。

父兄百官 宗族長輩和朝中百官。

亦莫之行也。至於子之身而反之，不可。且志曰：『喪祭從先祖。』」曰：「吾有所受之也。」謂然友曰：「吾他日未嘗學問，好馳馬試劍。今也父兄百官不我足也，恐其不能盡於大事。子為我問孟子。」

然友復之鄒，問孟子。孟子曰：「然。不可以他求者也。孔子曰：『君薨，聽於冢宰，歠粥，面深墨，即位而哭；百官有司，莫敢不哀，先之也。上有好者，下必有甚焉者矣。君子之德，風也；小人之德，草也；草尚之風必偃。』是在世子。」然友反命。

宗國 魯、滕諸國的始封祖都是周文王的兒子，而周公封魯，於行輩較長，所以其餘姬姓諸國都以魯為宗國。

志 古時傳記之書。

他日 昔日。

不我足 不滿於我。

不可以他求 不能找別人做主，當責之於己。

冢宰 官名，六卿之長，在君王居喪期間代理朝政。

歠 飲。

面深墨 臉色深黑。

即位而哭 到喪位上去哭泣。

先之 先於父兄百官而哀。

「君子之德」五句 出自《論語・顏淵》孔子的話。「尚」與「上」同。

偃 伏。

世子曰：「然。是誠在我。」五月居廬，未有命戒，百官族人可謂曰知。及至葬，四方來觀之，顏色之戚，哭泣之哀，弔者大悅。

五月居廬 在中門外倚廬裡守喪五個月。

未有命戒 沒有發布命令和訓詞。

可謂曰知 百官和同族的人都讚美太子說：「他可以說是知禮的人了。」

弔者大悅 來弔喪的人都非常悅服。

3

滕文公問為國。

孟子曰：「民事不可緩也。《詩》云：『晝爾于茅，宵爾索綯；亟其乘屋，其始播百穀。』民之為道也，有恆產者有恆心，無恆產者無恆心；苟無恆心，放辟邪侈，無不為已。及陷乎罪，然後從而刑之，是罔民也。焉有仁人在位，罔民而可為也？是故賢君必恭儉禮下，取於民有制。陽虎曰：『為富，不仁矣；為仁，不富矣。』

「夏后氏五十而貢，殷人七十而助，周人百畝而徹；其實皆什一也。徹者，徹也。助者，藉也。龍子曰：『治地莫善於助，莫不善於

問為國　問治國之道。滕文公以禮聘孟子，幫助自己治理國家。

民事　農事。

《詩》　此處指《詩・豳風・七月》。

于　取。

索綯　皆繩之別稱。此作動詞用，絞成繩索之意。

亟　急。

乘屋　爬上屋頂修房子。

罔民　即懲治人民。罔同「網」。

陽虎　即陽貨，春秋魯季氏家臣。

貢　實物地租，稅率為「什一」，即在收穫量中抽取十分之一。夏后氏的貢，大約起源於氏族社會部落成員向氏族首領的獻禮。

助　勞動地租。

徹　是周人採行的雙軌制，即在國中採用「貢

貢。』貢者，校數歲之中以為常；樂歲粒米狼戾，多取之而不為虐，則寡取之；凶年糞其田而不足，則必取盈焉。為民父母，使民盻盻然，將終歲勤動，不得以養其父母，又稱貸而益之，使老稚轉乎溝壑；惡在其為民父母也？夫世祿，滕固行之矣。《詩》云：『雨我公田，遂及我私。』惟助為有公田。由此觀之，雖周亦助也。

「設為庠序學校以教之。庠者，養也；校者，教也；序者，射也。夏曰校，殷曰序，周曰庠，學則三代共之；皆所以明人倫也。人倫明於上，小民親於下；有王者起，必來取

法」，在野外則用「助法」。周代「國」是城邑，郊以外的廣大地區則屬於「野」，是廣大庶人所住，即「氓」，這些人被稱作「野人」。

龍子 古賢人。

校 比較。

粒米狼戾 粒米多而散亂，一片狼藉。

糞其田 清掃田中粒米，全部繳稅。

盻盻然 恨視貌。

勤動 勤苦勞動。

《詩》 此處指《小雅・大田》。

庠序學校 是古代地方所設的學校，周代叫「庠」，殷代叫「序」，後世的學校通稱「庠序」，是培育人才、研究學術的機構。

法，是為王者師也。

「《詩》云：『周雖舊邦，其命維新。』文王之謂也。子力行之，亦以新子之國。」

使畢戰問井地。

孟子曰：「子之君將行仁政，選擇而使子，子必勉之。夫仁政，必自經界始。經界不正，井地不均，穀祿不平。是故暴君汙吏，必慢其經界。經界既正，分田制祿可坐而定也。

「夫滕，壤地褊小；將為君子焉，將為野人焉；無君子莫治野人，無野人莫養君子。請野九一而助，國中什一使自賦。卿以下，必

《詩》 此處指〈大雅・文王〉。

畢戰 滕國的臣子。

井地 即井田。以方九百畝的地為一個單位，劃成九區，其中為公田，八家均私田百畝，同養公田。因形如井字，故名。

經界 土地、疆域的分界。

慢 輕忽，廢弛。

褊小 狹小。

有圭田，圭田五十畝。餘夫二十五畝。死徙無出鄉。鄉田同井，出入相友，守望相助，疾病相扶持，則百姓親睦。方里而井，井九百畝，其中為公田。八家皆私百畝，同養公田。公事畢，然後敢治私事。所以別野人也。此其大略也。若夫潤澤之，則在君與子矣。」

圭田 古代卿、大夫、士供祭祀用的田地。

餘夫 年滿十六歲還未獨立門戶的子弟。

鄉田同井 同鄉之田，共井之家。

友 伴。

別 分別。

4

有為神農之言者許行，自楚之滕，踵門而告文公曰：「遠方之人，聞君行仁政，願受一廛而為氓。」文公與之處。其徒數十人，皆衣褐，捆屨織蓆以為食。

陳良之徒陳相與其弟辛，負耒耜而自宋之滕，曰：「聞君行聖人之政，是亦聖人也。願為聖人氓。」

陳相見許行而大悅，盡棄其學而學焉。陳相見孟子，道許行之言曰：「滕君，則誠賢君也；雖然，未聞道也！賢者與民並耕而食，饔飧而治。今也滕有倉廩府庫，則是厲民而以自養也，惡得賢？」

神農之言 神農氏的學說。神農是上古傳說中的人物，常與伏羲氏、燧人氏被稱為「三皇」。神農氏主要的功績是教人從事農業生產，春秋戰國時期諸子百家多託古聖賢之名而標榜自己的學說。「農家」就假託為「神農之言」。

許行 農家代表人物之一，生平不詳。

踵 親至。

廛 民宅。

氓 民也。

捆 編織。

陳良 楚國的儒士。

陳相、陳辛 都是陳良的學生。

耒耜 農具名。古代以木為之，戰國改為鐵頭。

饔飧 熟食也。饔，早餐。飧，晚餐。

厲 病也。

孟子曰：「許子必種粟而後食乎？」曰：「然。」「許子必織布而後衣乎？」曰：「否。許子衣褐。」「許子冠乎？」曰：「冠。」曰：「奚冠？」曰：「冠素。」曰：「自織之與？」曰：「否。以粟易之。」曰：「許子奚為不自織？」曰：「害於耕。」曰：「許子以釜甑爨，以鐵耕乎？」曰：「然。」「自為之與？」曰：「否。以粟易之。」

「以粟易械器者，不為厲陶冶；陶冶亦以其械器易粟者，豈為厲農夫哉？且許子何不為陶冶，舍皆取諸其宮中而用之？何為紛紛然與百工交易？何許子之不憚煩？」曰：「百工之事，固不可耕且為也。」

害 妨礙。

釜甑 炊具。釜，金屬製的鍋。甑，用瓦做的蒸飯器。

爨 燒火做飯。

厲 殘害。

陶冶 燒窯與打鐵之人。

舍 同「啥」，是「什麼」的切音。

宮中 家中。古代住宅無論貴賤都可以叫「宮」，秦漢以後專指帝王所居為宮。

「然則治天下獨可耕且為與？有大人之事，有小人之事。且一人之身，而百工之所為備；如必自為而後用之，是率天下而路也。故曰：或勞心，或勞力。勞心者治人，勞力者治於人；治於人者食人，治人者食於人；天下之通義也。

「當堯之時，天下猶未平，洪水橫流，氾濫於天下；草木暢茂，禽獸繁殖。五穀不登，禽獸偪人，獸蹄鳥跡之道交於中國；堯獨憂之，舉舜而敷治焉。舜使益掌火，益烈山澤而焚之，禽獸逃匿。禹疏九河，瀹濟漯而注諸海；決汝漢，排淮泗，而注之江，然後中

大人之事 指人君行教化之事。

小人之事 指農、工、商。

路 奔走於途，無時休息。

治於人 見治於人。

食於人 見食於人。

偪 侵迫。

敷治 治理。

使益掌火 命舜臣伯益主火，以驅禽獸。

烈 熾。

瀹 疏導。

濟漯 濟水和漯水。

決 除去水中壅塞。

排 亦決也。

國可得而食也。當是時也，禹八年於外，三過其門而不入；雖欲耕，得乎？

「后稷教民稼穡，樹藝五穀；五穀熟，而民人育。人之有道也。飽食、煖衣、逸居而無教，則近於禽獸。聖人有憂之，使契為司徒，教以人倫：父子有親，君臣有義，夫婦有別，長幼有序，朋友有信。放勳曰：『勞之，來之，匡之，直之，輔之，翼之，使自得之，又從而振德之。』聖人之憂民如此，而暇耕乎？

「堯以不得舜為己憂，舜以不得禹、皋陶為己憂；夫以百畝之不易為己憂者，農夫也。

后稷 相傳為周的始祖，名棄，堯帝時為農師。

樹藝 種植。

人之有道 即人之為道。

契 人名，相傳是殷的祖先，姓子，堯帝時任司徒。

放勳 堯的稱號，放是大，勳是功勞，原本是史官的讚譽之辭，後來成為堯的稱號。

勞之來之 勸勉，慰勞。

振德之 德，惠。之，指百姓。提撕警覺以加惠於百姓。

皋陶 人名，相傳為虞舜時的司法官。

易 治。

分人以財謂之惠，教人以善謂之忠，為天下得人者謂之仁。是故以天下與人易，為天下得人難。孔子曰：『大哉，堯之為君！惟天為大，惟堯則之；蕩蕩乎民無能名焉。君哉，舜也！巍巍乎有天下而不與焉！』堯舜之治天下，豈無所用其心哉？亦不用於耕耳。

「吾聞用夏變夷者，未聞變於夷者也。陳良，楚產也。悅周公仲尼之道，北學於中國；北方之學者，未能或之先也。彼所謂豪傑之士也。子之兄弟，事之數十年，師死而遂倍之！昔者孔子沒，三年之外，門人治任

蕩蕩 廣大無私貌。

用夏變夷 以諸夏文化影響中原地區以外的其他民族。夏，諸夏，古代中原地區周王朝所分封的各諸侯國，後泛指中國。夷，指中原地區以外的各族。

產 生也。

倍 同「背」，違背也。

治任 整理行裝。

將歸，入揖於子貢，相嚮而哭，皆失聲，然後歸。子貢反，築室於場，獨居三年，然後歸。他日，子夏、子張、子游以有若似聖人，欲以所事孔子事之，彊曾子。曾子曰：『不可。江漢以濯之，秋陽以暴之，皜皜乎不可尚已。』今也南蠻鴃舌之人，非先王之道，子倍子之師而學之，亦異於曾子矣！吾聞出於幽谷，遷於喬木者；未聞下喬木，而入於幽谷者。〈魯頌〉曰：『戎狄是膺，荊舒是懲。』周公方且膺之；子是之學，亦為不善變矣！」

「從許子之道，則市賈不貳，國中無偽，雖

子貢 衛人。姓端木，名賜。

失聲 悲不能成聲。

場 冢上之壇場。

彊 勉強。

秋陽以暴 秋陽，周曆七八月相當於夏曆五六月，此處所說的秋陽相當於今天的夏陽。暴，同「曝」，曬。

皜皜 光明潔白的樣子。

南蠻鴃舌 譏人說著難懂的南方方言。鴃，伯勞鳥。

幽谷 深谷。比喻低下。

喬木 喻高上。

〈魯頌〉 〈閟宮〉之篇也。

戎狄是膺，荊舒是懲 引自《詩經‧魯頌‧閟宮》。膺，擊退。懲，抵禦。戎狄是北方的異族；荊、舒是南方的異族。

子是之學 子以其學為是。之猶「其」。

賈 通「價」。

使五尺之童適市，莫之或欺。布帛長短同，則賈相若；麻縷絲絮輕重同，則賈相若；五穀多寡同，則賈相若；屨大小同，則賈相若。」

曰：「夫物之不齊，物之情也。或相倍蓰，或相什百，或相千萬；子比而同之，是亂天下也！巨屨小屨同賈，人豈為之哉？從許子之道，相率而為偽者也，惡能治國家？」

五尺之童 意指幼小無知。古代尺寸短，五尺相當於現在三尺多一點。

適市 到市場上買東西。

倍蓰 一倍曰倍，五倍曰蓰。

巨屨小屨 粗糙的草鞋與精緻的草鞋。

5 墨者夷之，因徐辟而求見孟子。孟子曰：「吾固願見，今吾尚病。病愈，我且往見，夷子不來。」

他日，又求見孟子。孟子曰：「吾今則可以見矣。不直，則道不見；我且直之！吾聞夷子墨者，墨之治喪也，以薄為其道也。夷子思以易天下，豈以為非是而不貴也？然而夷子葬其親厚，則是以所賤事親也。」

徐子以告夷子，夷子曰：「儒者之道，古之人『若保赤子』，此言何謂也？之則以為愛無差等，施由親始。」

徐子以告孟子。孟子曰：「夫夷子信以為人

墨者 治墨翟之道者。

徐辟 孟子弟子。

夷子不來 焦循《正義》將此句作為敘述句；朱子《集注》認為此句是孟子所說的話。

不直 不直言相告也。

薄 節葬。

思以易天下 想要用這個要求來改變天下的習俗。

若保赤子 見於《尚書・康誥》。

之親其兄之子，為若親其鄰之赤子乎？彼有取爾也。赤子匍匐將入井，非赤子之罪也。且天之生物也，使之一本，而夷子二本故也。蓋上世嘗有不葬其親者，其親死，則舉而委之於壑。他日過之，狐狸食之，蠅蚋姑嘬之；其顙有泚，睨而不視。夫泚也，非為人泚，中心達於面目。蓋歸反虆梩而掩之。掩之誠是也，則孝子仁人之掩其親，亦必有道矣。」

徐子以告夷子，夷子憮然為間，曰：「命之矣！」

一本 每個生物都只從一個根而生出。

上世 上古之世。

蠅蚋姑嘬 蠅，蒼蠅之類。蚋，蚊子之類。姑，螻蛄之類。嘬，啃咬。

顙 額頭。

泚 流汗的樣子。

睨 斜著眼看，不忍正眼看。

歸反 回家取工具又返回。

虆梩 裝土和鏟土的工具。

憮然 茫然失意的樣子。

命之 接受教誨。

滕文公 下

1 陳代曰：「不見諸侯，宜若小然。今一見之，大則以王，小則以霸。且志曰：『枉尺而直尋。』宜若可為也。」

孟子曰：「昔齊景公田，招虞人以旌，不至，將殺之。『志士不忘在溝壑，勇士不忘喪其元。』孔子奚取焉？取非其招不往也。如不待其招而往，何哉？且夫枉尺而直尋者，以利言也。如以利，則枉尋直尺而利，亦可為與？昔者趙簡子使王良與嬖奚乘，終日而不獲一禽。嬖奚反命曰：『天下之賤工也。』或以告王良。良曰：『請復之。』彊而後可。一朝而獲十禽。嬖奚反命曰：『天下

陳代 孟子弟子。

枉尺而直尋 枉，屈也；直，伸也。八尺曰尋，所屈者小，所伸者大也。後因以「枉尺直尋」比喻小有所損，而大有所獲。

虞人 守苑囿的吏。古代君子召喚臣下，按規定要有相當的物件作標誌，如齊景公召管園囿的小吏應以打獵的皮冠，他不遵守規定，小吏就不應召。

元 首也。

奚 何。

非其招 非禮之招致。

趙簡子 春秋時期晉國趙氏的領袖，原名趙鞅，又名志父，亦稱趙孟。《趙氏孤兒》中的孤兒趙武之孫。

王良 春秋末年著名的駕車能手。

與嬖奚乘 為嬖奚御也。

之良工也。』簡子曰：『我使掌與女乘。』謂王良；良不可，曰：『吾為之範我馳驅，終日不獲一；為之詭遇，一朝而獲十。《詩》云：不失其馳，舍矢如破。我不貫與小人乘，請辭。』御者且羞與射者比；比而得禽獸，雖若丘陵，弗為也。如枉道而從彼，何也？且子過矣：枉己者，未有能直人者也。」

嬖奚，簡子幸臣名嬖奚。乘，駕車。

反命 返告簡子。

工 凡執技藝者皆稱工，此謂御者。

彊 勉強。

一朝 自晨至食時也。

掌 專主。

範 範，依法度。我，語詞。

詭遇 橫而射之曰詭遇。

《詩》 此處指見《小雅．車攻》。

舍矢如破 一放箭就能破的。

貫 習。

2 景春曰：「公孫衍、張儀，豈不誠大丈夫哉？一怒而諸侯懼，安居而天下熄。」孟子曰：「是焉得為大丈夫乎？子未學禮乎？丈夫之冠也，父命之；女子之嫁也，母命之，往送之門，戒之曰：『往之女家，必敬必戒，無違夫子。』以順為正者，妾婦之道也。居天下之廣居，立天下之正位，行天下之大道；得志與民由之，不得志獨行其道；富貴不能淫，貧賤不能移，威武不能屈；此之謂大丈夫！」

景春 戰國時縱橫家。

公孫衍 魏國人，號犀首，當時著名的說客。

張儀 戰國時縱橫家的代表人物，主張連橫，為秦擴張勢力。

熄 指戰火熄滅。

冠 古時男子年二十行加冠禮，表示成年。

父命之 命，教也。父命與母命對文，母命以順為正，父命即不移不屈之事。

夫子 指丈夫。

3 周霄問曰：「古之君子仕乎？」孟子曰：「仕。傳曰：『孔子三月無君，則皇皇如也。出疆必載質。』公明儀曰：『古之人，三月無君則弔。』」

「三月無君則弔，不以急乎？」曰：「士之失位也，猶諸侯之失國家也。《禮》曰：『諸侯耕助，以供粢盛；夫人蠶繅，以為衣服。犧牲不成，粢盛不潔，衣服不備，不敢以祭。惟士無田，則亦不祭。』牲殺、器皿、衣服不備，不敢以祭，則不敢以宴，亦不足弔乎？」

「出疆必載質，何也？」曰：「士之仕也，猶

周霄 戰國時魏人。
傳 古書。
公明儀 魯國賢人。
三月無君 是說失用失見於君三個月。
皇皇 通「惶」。形容心有求而不得之。
出疆 失位而去國。
質 君子之質，即道。
三月無君則弔 古代的賢人君子，三個月失用於君主，就該去安慰他。
耕助 即「耕藉」。藉，藉田，帝王親耕之田。古代每到開春，都有耕藉之禮，以示重視農業。其禮先由天子親耕，然後三公九卿諸侯大夫等依次躬耕。
粢盛 古代盛在祭器內以供祭祀的穀物。
夫人 諸侯的妻子。
蠶繅 養蠶繅絲。
衣服 祭服。
不成 指牲畜不肥壯。

農夫之耕也；農夫豈為出疆舍其耒耜哉？」曰：「晉國，亦仕國也，未嘗聞仕如此其急。仕如此其急也，君子之難仕，何也？」曰：「丈夫生而願為之有室，女子生而願為之有家；父母之心，人皆有之。不待父母之命、媒妁之言，鑽穴隙相窺，踰牆相從，則父母國人皆賤之。古之人未嘗不欲仕也，又惡不由其道；不由其道而往者，與鑽穴隙之類也。」

牲殺　祭祀時所殺的三牲。

難仕　難於出仕。

室、家　夫謂婦曰室，婦謂夫曰家。

鑽穴隙　在壁上挖出孔穴。

與　通「舉」。皆也。

4
彭更問曰：「後車數十乘，從者數百人，以傳食於諸侯，不以泰乎？」孟子曰：「非其道，則一簞食不可受於人。如其道，則舜受堯之天下，不以為泰；子以為泰乎？」曰：「否。士無事而食，不可也。」曰：「子不通功易事，以羨補不足，則農有餘粟，女有餘布。子如通之，則梓匠輪輿，皆得食於子。於此有人焉，入則孝，出則悌，守先王之道，以待後之學者，而不得食於子；子何尊梓匠輪輿，而輕為仁義者哉？」曰：「梓匠輪輿，其志將以求食也。君子之為道也，其志亦將以求食與？」

彭更 人名，孟子的學生。
後車 弟子所乘，尾隨於後之車。
傳食 指住在諸侯的驛舍裡接受飲食。傳，客館。
泰 同「太」，過分。
事 事功。
通功易事 交流成果，交換物資。
羨 餘，多餘。
梓匠 梓人、匠人，皆木工。
輪輿 輪人、輿人，指製造車輪和車箱的工人。
入 居家。
志 心願。
求食 掙口飯吃。

曰：「子何以其志為哉！其有功於子，可食而食之矣。且子食志乎？食功乎？」曰：「食志。」

曰：「有人於此，毀瓦畫墁，其志將以求食也，則子食之乎？」曰：「否。」

曰：「然則子非食志也，食功也。」

毀瓦畫墁 打碎屋瓦，劃破車篷頂蓋。比喻一種無益不害的行為。

食功 為了他的功勞而給他飯吃。

5
萬章問曰：「宋，小國也。今將行王政，齊楚惡而伐之，則如之何？」

孟子曰：「湯居亳，與葛為鄰。葛伯放而不祀，湯使人問之曰：『何為不祀？』曰：『無以供犧牲也。』湯使遺之牛羊。葛伯食之，又不以祀。湯又使人問之曰：『何為不祀？』曰：『無以供粢盛也。』湯使亳眾往為之耕，老弱饋食。葛伯率其民，要其有酒食黍稻者，奪之；不授者，殺之。有童子以黍肉餉，殺而奪之。《書》曰：『葛伯仇餉。』此之謂也。為其殺是童子而征之，四海之內，皆曰：『非富天下也，為匹夫匹婦復讎

萬章 孟子弟子。

亳 湯都，在今河南商丘縣東南。

葛 夏諸侯，嬴姓之國。

放而不祀 放縱無道，不祀祖先。

犧牲 祭祀所用的牲畜，色純曰犧，始養之曰畜，將用之曰牲。

遺 與。

粢盛 古代盛在祭器內以供祭祀的穀物。

饋 以食授人。

要 攔住。

餉 送食物給人吃。

《書》 見《偽古文尚書·商書·仲虺之誥》。

匹夫匹婦 庶民。

也。』

「湯始征，自葛載，十一征而無敵於天下。東面而征，西夷怨；南面而征，北狄怨；曰：『奚為後我？』民之望之，若大旱之望雨也。歸市者弗止，芸者不變；誅其君，弔其民，如時雨降，民大悅。《書》曰：『徯我后，后來其無罰！』『有攸不惟臣，東征，綏厥士女。篚厥玄黃，紹我周王見休，惟臣附于大邑周。』其君子實玄黃于匪，以迎其君子；其小人簞食壺漿，以迎其小人；救民於水火之中，取其殘而已矣。〈太誓〉曰：『我武惟揚，侵于之疆，則取于殘，殺伐

載 通「才」，始也。

歸市者 到市場做買賣的人。

芸者 除草的人。

徯我后 等待我們的君王。徯，等待。后，君王。

其無罰 將無有不法之殺罰。

攸 所。

不惟臣 凡是遇到武王伐紂經過的時候，那些人沒有不奉武王為君主的。

綏厥士女 綏，安；厥，其；意指來安撫那些士女。士女，治下的男女。

用張，于湯有光。』不行王政云爾。苟行王政，四海之內，皆舉首而望之，欲以為君；齊、楚雖大，何畏焉？」

篚厥玄黃 士女以篚盛玄黃之幣帛。篚，竹器。玄黃，指各色幣帛。

紹 繼續。

見休 受其蔭庇。

取其殘 殺掉殘害人民的暴君。

〈太誓〉 此處指《書經·太誓》。

我武惟揚 形容威武凌厲，奮發向上的樣子。我，武王自謂。

之疆 紂之疆。

于湯有光 比商湯討伐夏桀更為輝煌。

6

孟子謂戴不勝曰：「子欲子之王之善與？我明告子：有楚大夫於此，欲其子之齊語也；則使齊人傅諸？使楚人傅諸？」

曰：「使齊人傅之。」

曰：「一齊人傅之，眾楚人咻之，雖日撻而求其齊也，不可得矣；引而置之莊、嶽之間數年，雖日撻而求其楚，亦不可得矣。

「子謂薛居州，善士也，使之居於王所。在於王所者，長幼卑尊皆薛居州也，王誰與為不善？在王所者，長幼卑尊皆非薛居州也，王誰與為善？一薛居州，獨如宋王何？」

戴不勝 宋臣。

傅 教。

咻 喧擾。

莊、嶽 齊國的街名和里名。

薛居州 宋臣。

善士 好人。

居於王所 處於王之左右。

王誰與為不善 「王與誰為不善」的倒裝句，「王和誰去做壞事」之意。

7

公孫丑問曰：「不見諸侯，何義？」

孟子曰：「古者不為臣不見。段干木踰垣而辟之，泄柳閉門而不內，是皆已甚；迫，斯可以見矣。陽貨欲見孔子，而惡無禮。大夫有賜於士，不得受於其家，則往拜其門。陽貨矙孔子之亡也，而饋孔子蒸豚；孔子亦矙其亡也，而往拜之。當是時，陽貨先，豈得不見？曾子曰：『脅肩諂笑，病於夏畦！』子路曰：『未同而言，觀其色赧赧然，非由之所知也。』由是觀之，則君子之所養，可知已矣。」

不為臣不見 不在這一國做官，就不見這一國的國君。

段干木 複姓段干，名木，戰國初期晉人，因不屑與遊士和食客為伍，屢次跳過牆頭躲避來訪的魏文侯。

泄柳 魯國賢人。魯穆公來訪，他拒絕接待。

內 同「納」。

迫 指國君迫切求見。

惡無禮 怕人說他無禮。

矙 視，窺看。

亡 不在。

蒸豚 蒸熟的豬肉。

脅肩諂笑 脅肩，聳起肩頭，故作恭敬的樣子。諂笑，強為媚人之笑。

病於夏畦 畦，本指菜地間劃分的行列，此指種田。病於夏畦形容聽脅肩諂笑的人說話，比酷熱的夏天在田間勞作還要疲憊。

未同而言 志趣與人不合，還要巴結說話。

由 「非由之所知」的「由」是仲由，即子路。

8

戴盈之曰：「什一，去關市之征，今茲未能。請輕之，以待來年然後已，何如？」孟子曰：「今有人日攘其鄰之雞者，或告之曰：『是非君子之道。』曰：『請損之，月攘一雞，以待來年然後已。』如知其非義，斯速已矣；何待來年？」

戴盈之 宋國大夫。
什一 古代田賦法，徵收農產品的十分之一。
關市之征 市場上征收的商業稅。關市，位於交通要道的集市。
今茲 今年。
輕之 使田賦和關市之徵減輕些。
攘 扣留，有偷的意思。
請損之 此指請允許我減少偷雞的次數。
非義 不合理。
斯速已矣 就馬上停止。

9

公都子曰：「外人皆稱夫子好辯，敢問何也？」

孟子曰：「予豈好辯哉！予不得已也！天下之生久矣，一治一亂。

「當堯之時，水逆行，氾濫於中國，蛇龍居之。民無所定，下者為巢，上者為營窟。《書》曰：『洚水警余。』洚水者，洪水也。使禹治之。禹掘地而注之海，驅蛇龍而放之菹。水由地中行，江、淮、河、漢是也。險阻既遠，鳥獸之害人者消，然後人得平土而居之。

「堯舜既沒，聖人之道衰，暴君代作，壞宮室以為汙池，民無所安息；棄田以為園囿，

公都子 孟子的弟子。

一治一亂 治亂交替。

水逆行 下流壅塞，故水倒流而旁溢也。

蛇龍居之 水生蛇龍，水盛則蛇龍居民之地也。意指人與蛇龍雜處。

下者為巢 處地勢低下者，架巢住在樹上。

營窟 上古時掘地或累土而成的住所。一說是相連的洞穴。

洚水警余 洚，河流不遵河道。警，警戒。余，我。「洚水警余」出自偽《古文尚書．虞書．大禹謨》。

菹 多水草的沼澤地。

地中 低於平地的河道。

代作 代有所出，指頻繁出現。

宮室 民之居室。

使民不得衣食。邪說暴行又作。園囿、汙池、沛澤多而禽獸至。及紂之身，天下又大亂。周公相武王誅紂，伐奄，三年討其君，驅飛廉於海隅而戮之；滅國者五十；驅虎豹犀象而遠之；天下大悅。《書》曰：『丕顯哉，文王謨！丕承哉，武王烈！佑啟我後人，咸以正無缺。』

「世衰道微，邪說暴行有作。臣弒其君者有之，子弒其父者有之。孔子懼，作《春秋》。《春秋》，天子之事也；是故孔子曰：『知我者，其惟《春秋》乎！罪我者，其惟《春秋》乎！』

園囿 種草木養鳥獸的皇家花園。

汙池 深池。

沛澤 水草茂密的低窪地。

奄 東方之國，助紂為虐，被周公誅滅。

飛廉 商紂王的佞臣。

滅國者五十 消滅與紂共為亂政者五十國，其中包括奄國。

丕顯 偉大英明。

謨 謀略。

丕承 舊謂帝王承天受命，常曰「丕承」。

烈 功業。

佑啟 佑助啟發。

以正無缺 指啟發成王和康王，使他們走上正道，了無虧缺。

《春秋》 記載春秋史事的編年體史書，一般認為此書經孔子編修，書中用辭含有褒貶之意，號為「春秋筆法」。

「聖王不作，諸侯放恣，處士橫議，楊朱、墨翟之言盈天下；天下之言，不歸楊則歸墨。楊氏為我，是無君也；墨氏兼愛，是無父也；無父無君，是禽獸也！公明儀曰：『庖有肥肉，廄有肥馬；民有飢色，野有餓莩。此率獸而食人也！』楊墨之道不息，孔子之道不著，是邪說誣民，充塞仁義也。仁義充塞，則率獸食人，人將相食。吾為此懼；閑先聖之道，距楊墨，放淫辭，邪說者不得作。作於其心，害於其事；作於其事，害於其政。聖人復起，不易吾言矣。

「昔者禹抑洪水，而天下平；周公兼夷狄，

處士 沒有出仕的讀書人。

橫議 放肆談論。

楊朱 魏國人，戰國初年思想家。相傳他反對儒、墨，主張貴生、重己，沒有著作傳世。

墨翟 春秋末年思想家，墨家學說的創始人，該學派有《墨子》一書傳世。

楊氏為我 楊朱哲學主要論點之一，是極端主義者。

墨氏兼愛 墨家學派主要論點之一，即沒有差別的愛。

充塞 阻塞。

閑 捍衛。

距 通「拒」。排抵。

放 摒棄。

驅猛獸，而百姓寧；孔子成《春秋》，而亂臣賊子懼。《詩》云：『戎狄是膺，荊舒是懲，則莫我敢承。』無父無君，是周公所膺也。我亦欲正人心，息邪說，距詖行，放淫辭，以承三聖者。豈好辯哉？予不得已也！能言距楊墨者，聖人之徒也。」

《詩》 此處見《魯頌．閟宮》。

膺 打擊。

詖行 偏邪不正當的行為。

三聖 即禹、周公、孔子。

10

匡章曰：「陳仲子，豈不誠廉士哉？居於陵，三日不食，耳無聞，目無見也。井上有李，螬食實者過半矣，匍匐往，將食之，三咽，然後耳有聞，目有見。」孟子曰：「於齊國之士，吾必以仲子為巨擘焉。雖然，仲子惡能廉？充仲子之操，則蚓而後可者也。夫蚓，上食槁壤，下飲黃泉；仲子所居之室，伯夷之所築與？抑亦盜跖之所築與？所食之粟，伯夷之所樹與？抑亦盜跖之所樹與？是未可知也。」曰：「是何傷哉？彼身織屨，妻辟纑，以易之也。」

匡章 戰國時齊人。

陳仲子 又稱田仲、陳仲、於陵仲子，戰國時齊國隱士。

廉 清廉，廉潔。此指不苟求於人，自食其力。

於陵 齊地，在今山東省長山縣西南。

耳無聞、目無見 耳朵聽不見、眼睛看不見，飢餓使然。

螬 果實的蠹蟲。

將 拿，取。

三咽 吞嚥了幾口。

巨擘 大拇指。比喻傑出的人才。

充 充分做到之意。

蚓 蚯蚓。

槁壤 乾土。

盜跖 春秋末年的大盜。

何傷 意即「有什麼關係」。

彼身 那個人自己。

屨 用麻編織的鞋子。

辟纑 績麻後將麻漂洗乾淨。

易 交換。

曰：「仲子，齊之世家也，兄戴，蓋祿萬鍾。以兄之祿為不義之祿，而不食也；以兄之室為不義之室，而不居也；辟兄離母，處於於陵。他日歸，則有饋其兄生鵝者。己頻顣曰：『惡用是鶂鶂者為哉！』他日，其母殺是鵝也，與之食之；其兄自外至，曰：『是鶂鶂之肉也！』出而哇之。以母則不食，以妻則食之；以兄之室則弗居，以於陵則居之；是尚為能充其類也乎？若仲子者，蚓而後充其操者也。」

世家 世世代代做卿大夫的家族。

戴 陳仲子的哥哥名戴，是齊國的卿。

蓋 齊地名，是陳仲子兄戴的封地。

鍾 古代量制的單位，一鍾是六斛四斗。萬鍾指優厚的俸祿。

生鵝 活鵝。

頻顣 皺著眉不高興的樣子。

鶂鶂 鵝叫聲。

哇 嘔吐。

以母 因為母親（做的）。

充其類 意思是貫徹自己的意志。

離婁 上

1 孟子曰：「離婁之明，公輸子之巧，不以規矩，不能成方員；師曠之聰，不以六律，不能正五音；堯、舜之道，不以仁政，不能平治天下。

「今有仁心仁聞，而民不被其澤，不可法於後世者，不行先王之道也。故曰：徒善不足以為政，徒法不能以自行。《詩》云：『不愆不忘，率由舊章。』遵先王之法而過者，未之有也。

「聖人既竭目力焉，繼之以規矩準繩，以為方員平直，不可勝用也。既竭耳力焉，繼之以六律，正五音，不可勝用也；既竭心思

離婁 黃帝時之明目者，相傳能於百步之外見秋毫之末。

公輸子 著名工匠，春秋末年魯國人，故又稱魯班。

規矩 規，圓規。矩，曲尺。分別為圓方之器。

員 同「圓」。

師曠 春秋時晉平公的樂師，名曠，相傳他的辨音能力特別強。

六律 指十二律中的六個陽律。古人用十二根律管制定十二個標準音，分為陰陽兩類，陰律又叫六呂，陽律又叫六律。這裡的六律代指十二律。

五音 古代音樂所定的五個音階：宮、商、角、徵、羽。

《詩》 此處見《大雅·假樂》。

愆 過也。

焉，繼之以不忍人之政，而仁覆天下矣。故曰：為高必因丘陵，為下必因川澤。為政不因先王之道，可謂智乎？是以惟仁者宜在高位，不仁而在高位，是播其惡於眾也。

「上無道揆也，下無法守也；朝不信道，工不信度；君子犯義，小人犯刑：國之所存者，幸也。故曰：城郭不完，兵甲不多，非國之災也；田野不辟，貨財不聚，非國之害也；上無禮，下無學，賊民興，喪無日矣。

「《詩》曰：『天之方蹶，無然泄泄。』泄泄，猶沓沓也。事君無義，進退無禮，言則非先王之道者，猶沓沓也。故曰：責難於君

率 循也。

準繩 用來測量平直的器具。

仁覆天下 指其仁可以遍布天下。

道揆 以義理度量事物而制其宜。

朝不信道 在朝之臣，不信義理。

工不信度 百官不守法度。

犯義 犯，觸犯。

城郭不完 城郭殘破，不完全。完，堅固。

賊民 亂民。

《詩》 《大雅．板》。

蹶 顛覆。

泄泄 聲音嘈雜。

沓沓 弛緩、懶散的樣子。

謂之恭，陳善閉邪謂之敬，吾君不能謂之賊。」

陳善閉邪 臣下對君主陳述善法美政，藉以堵塞君主的邪心妄念。

賊 害。

2

孟子曰：「規矩，方員之至也；聖人，人倫之至也。欲為君盡君道，欲為臣盡臣道，二者皆法堯、舜而已矣。不以舜之所以事堯事君，不敬其君者也；不以堯之所以治民治民，賊其民者也。孔子曰：『道二，仁與不仁而已矣。』暴其民甚，則身弒國亡；不甚，則身危國削。名之曰『幽』、『厲』，雖孝子慈孫，百世不能改也。《詩》云：『殷鑒不遠，在夏后之世。』此之謂也。」

至 極。

道二 謂做人之道只有二條。

幽、厲 指周幽王、周厲王，都是含貶義的謚號。

《詩》 見《大雅‧蕩》。

殷鑒 鑑，銅鏡。此指殷商的借鑑。

3 孟子曰：「三代之得天下也以仁，其失天下也以不仁。國之所以廢興存亡者亦然。天子不仁，不保四海；諸侯不仁，不保社稷；卿大夫不仁，不保宗廟；士庶人不仁，不保四體。今惡死亡而樂不仁，是猶惡醉而強酒。」

國 諸侯之國。

宗廟 祭祀祖先的宮室。

不保四體 意即將死亡。

猶 好比。

強酒 勉強飲酒。

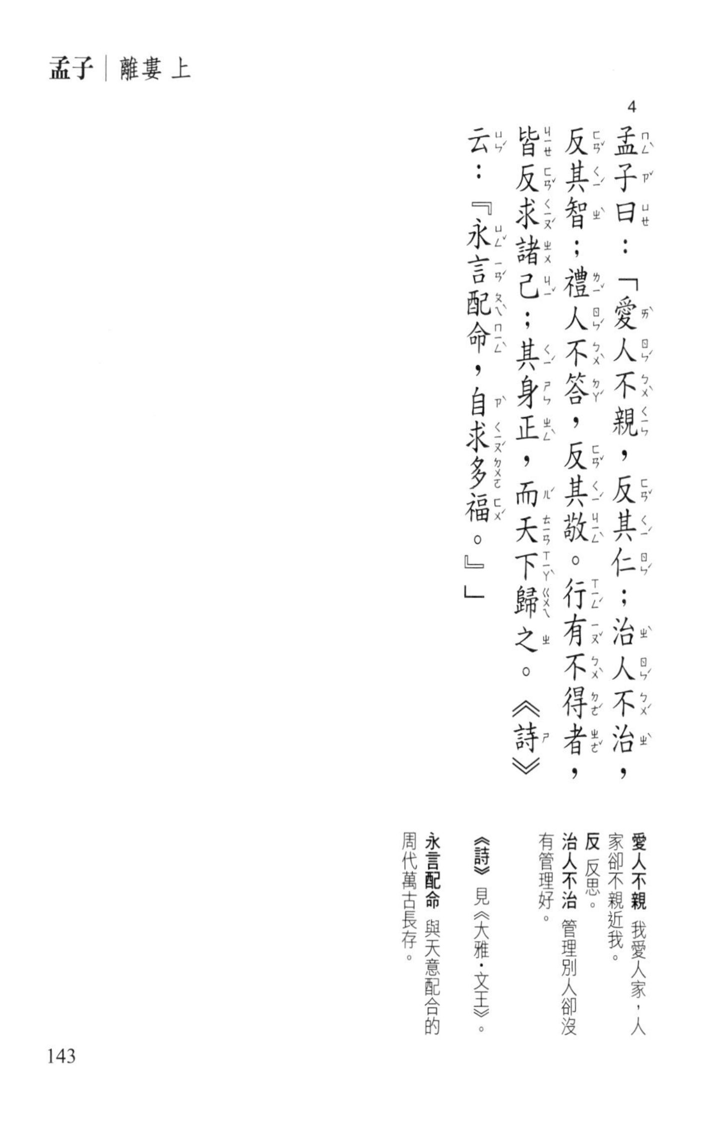

4

孟子曰：「愛人不親，反其仁；治人不治，反其智；禮人不答，反其敬。行有不得者，皆反求諸己；其身正，而天下歸之。《詩》云：『永言配命，自求多福。』」

愛人不親 我愛人家，人家卻不親近我。

反 反思。

治人不治 管理別人卻沒有管理好。

《詩》 見《大雅・文王》。

永言配命 與天意配合的周代萬古長存。

5 孟子曰：「人有恆言，皆曰：『天下國家。』天下之本在國，國之本在家，家之本在身。」

6 孟子曰：「為政不難，不得罪於巨室。巨室之所慕，一國慕之；一國之所慕，天下慕之。故沛然德教溢乎四海。」

恆言 常言。

天下國家 周天子有天下，諸侯有國，大夫有家。

不得罪 不使怨怒。

巨室 世家望族。

慕 愛羨、敬仰。

沛然 盛大的樣子。

7

孟子曰：「天下有道，小德役大德，小賢役大賢；天下無道，小役大，弱役強；斯二者，天也。順天者存，逆天者亡。齊景公曰：『既不能令，又不受命，是絕物也。』涕出而女於吳。今也，小國師大國，而恥受命焉；是猶弟子而恥受命於先師也。如恥之，莫若師文王。師文王，大國五年，小國七年，必為政於天下矣。《詩》云：『商之孫子，其麗不億；上帝既命，侯于周服。侯服于周，天命靡常；殷士膚敏，祼將于京。』孔子曰：『仁，不可為眾也。』夫國君好仁，天下無敵。今也，欲無敵於天下，而不以

役 役使、聽命。

天 理勢之當然。

絕物 指走投無路。

女於吳 女，嫁女兒。吳是當時的強國，齊景公因抵禦不了吳的進攻，只好把自己的女兒嫁到吳國去。

《詩》 見《大雅．文王》。

麗 數目。

不億 形容眾多，不止十萬也。十萬曰億。

侯 乃。

侯于周服 即服于周。侯，語辭。

靡常 無常。

膚敏 稱讚向周臣服的殷士通達時變。膚，美。敏，達。

仁，是猶執熱而不以濯也。《詩》云：『誰能執熱，逝不以濯？』」

祼將于京 在周之京師執以祼獻之禮。祼，宗廟之祭，把酒灌地以迎鬼神。

執熱 手執灼熱之物。

濯 以冷水自灌其手。

《詩》 見《大雅．桑柔》。

逝 發語詞，無義。

8

孟子曰：「不仁者，可與言哉？安其危而利其菑，樂其所以亡者。不仁而可與言，則何亡國敗家之有？有孺子歌曰：『滄浪之水清兮，可以濯我纓；滄浪之水濁兮，可以濯我足。』孔子曰：『小子聽之！清斯濯纓，濁斯濯足矣。自取之也。』夫人必自侮，然後人侮之；家必自毀，而後人毀之；國必自伐，而後人伐之。〈太甲〉曰：『天作孽，猶可違；自作孽，不可活。』此之謂也。」

不仁者 沒有仁德的人。

菑 與「災」通。

所以亡者 所以使其衰亡的事，指非禮義的言行。

「滄浪」四句 此歌為楚歌。滄浪指漢水上游，平時水色清碧，遇大雨則極形混濁。

纓 帽子左右下垂的絲帶，繫在頤下以防脫落。

小子 本意是少年人，此處用為老師對弟子的稱呼。

〈太甲〉《書經．太甲》。

9

孟子曰：「桀、紂之失天下也，失其民也。失其民者，失其心也。得天下有道：得其民，斯得天下矣。得其民有道：得其心，斯得民矣。得其心有道：所欲與之聚之，所惡勿施爾也。

「民之歸仁也，猶水之就下、獸之走壙也。故為淵毆魚者，獺也；為叢毆爵者，鸇也；為湯武毆民者，桀與紂也。今天下之君有好仁者，則諸侯皆為之毆矣；雖欲無王，不可得已。

「今之欲王者，猶七年之病，求三年之艾也。苟為不畜，終身不得。苟不志於仁，終

所欲與之聚之 民之所欲，則為民聚也。

走壙 在曠野奔跑。

毆 同「驅」。

獺 水獺。

叢 茂林。

爵 與「雀」通。

鸇 一種似鷂的猛禽，體型大，不能入叢。

艾 治病用的草名，乾久益善，故求艾之乾陳三年者。

畜 儲存。

身憂辱，以陷於死亡。《詩》云：『其何能淑？載胥及溺。』此之謂也。」

載胥及溺 引自《詩經・大雅・桑柔》。載，句首語助詞，無義。胥，全部。溺，淹死。

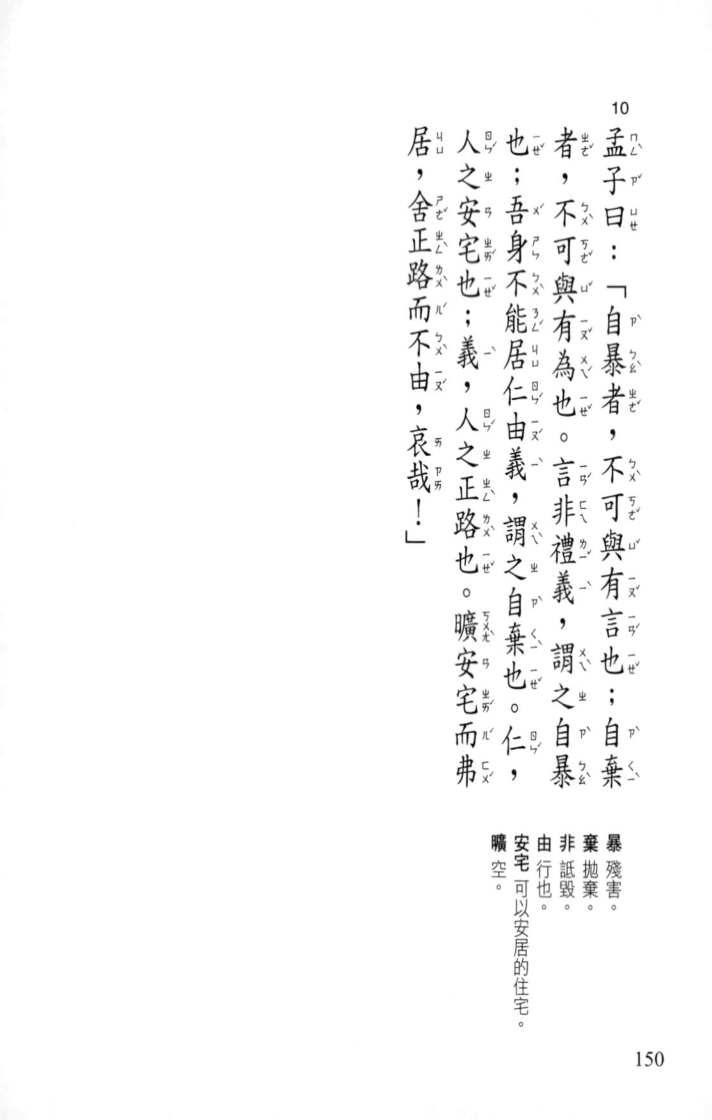

10 孟子曰：「自暴者，不可與有言也；自棄者，不可與有為也。言非禮義，謂之自暴也；吾身不能居仁由義，謂之自棄也。仁，人之安宅也；義，人之正路也。曠安宅而弗居，舍正路而不由，哀哉！」

暴 殘害。
棄 拋棄。
非 詆毀。
由 行也。
安宅 可以安居的住宅。
曠 空。

11 孟子曰：「道在爾，而求諸遠；事在易，而求諸難。人人親其親、長其長，而天下平。」

爾同「邇」，近。

12

孟子曰：「居下位，而不獲於上，民不可得而治也。獲於上有道：不信於友，弗獲於上矣。信於友有道：事親弗悅，弗信於友矣。悅親有道：反身不誠，不悅於親矣。誠身有道：不明乎善，不誠其身矣。是故誠者，天之道也；思誠者，人之道也。至誠而不動者，未之有也；不誠，未有能動者也。」

獲於上 得到長官的信任。

誠 誠實。

動 感動。

13

孟子曰：「伯夷辟紂，居北海之濱，聞文王作興，曰：『盍歸乎來？吾聞西伯善養老者。』太公辟紂，居東海之濱，聞文王作興，曰：『盍歸乎來？吾聞西伯善養老者。』二老者，天下之大老也，而歸之，是天下之父歸之也；天下之父歸之，其子焉往？諸侯有行文王之政者，七年之內，必為政於天下矣。」

辟 通「避」。

作興 興起。

盍 何不。

來 句末助詞。

西伯 即文王。紂命為西方諸侯之長，得專征伐，故稱西伯。

太公 姜姓，呂氏，名尚。

大老 天下非凡的老者。

天下之父 父在此指德高望重之人。

14

孟子曰：「求也，為季氏宰，無能改於其德，而賦粟倍他日。孔子曰：『求，非我徒也！小子鳴鼓而攻之可也！』

「由此觀之，君不行仁政而富之，皆棄於孔子者也；況於為之強戰？爭地以戰，殺人盈野；爭城以戰，殺人盈城；此所謂率土地而食人肉，罪不容於死。

「故善戰者服上刑，連諸侯者次之，辟草萊、任土地者次之。」

求 孔子弟子冉求。

季氏宰 季氏，魯卿季康子。宰，家臣之長。

賦粟 取民之粟。賦，取。

鳴鼓而攻之 鳴鼓聲其罪而責之，公開聲討之意。

罪不容於死 雖身死亦不足以容其罪。

上刑 最重之刑。服，是「應罰」之意。

連諸侯 連結諸侯。

辟草萊、任土地 開闢荒地、分土授民。

15 孟子曰：「存乎人者，莫良於眸子；眸子不能掩其惡。胸中正，則眸子瞭焉；胸中不正，則眸子眊焉。聽其言也，觀其眸子，人焉廋哉？」

16 孟子曰：「恭者不侮人，儉者不奪人。侮奪人之君，惟恐不順焉，惡得為恭儉？恭儉豈可以聲音笑貌為哉？」

存 觀察。
眸子 眼睛中的瞳仁。
瞭 明亮。
眊 蒙蒙不明的樣子。
廋 藏匿。

儉者 儉約自守的人。
奪 剝奪。
聲音笑貌 泛指人所表現的外在言語、態度等。

17 淳于髡曰：「男女授受不親，禮與？」孟子曰：「禮也。」曰：「嫂溺，則援之以手乎？」曰：「嫂溺不援，是豺狼也。男女授受不親，禮也；嫂溺援之以手者，權也。」曰：「今天下溺矣，夫子之不援，何也？」曰：「天下溺，援之以道；嫂溺，援之以手。子欲手援天下乎？」

淳于髡 複姓淳于，名髡，齊國有名的辯士。

男女授受不親 古禮嚴男女之防，不能直接以手傳遞物品。

權 斟酌變通。

18

公孫丑曰：「君子之不教子，何也？」孟子曰：「勢不行也。教者必以正；以正不行，繼之以怒；繼之以怒，則反夷矣。『夫子教我以正，夫子未出於正也！』則是父子相夷也。父子相夷，則惡矣。古者易子而教之，父子之間不責善。責善則離，離則不祥莫大焉。」

勢 情勢。

正 正道。

夷 傷。

責善 以善相責備，是朋友之道。

離 隔絕。

不祥 不善，非福也。

19

孟子曰：「事，孰為大？事親為大。守，孰為大？守身為大。不失其身而能事其親者，吾聞之矣；失其身而能事其親者，吾未之聞也。孰不為事？事親，事之本也。孰不為守？守身，守之本也。

「曾子養曾晳，必有酒肉；將徹，必請所與；問有餘？必曰『有。』曾晳死，曾元養曾子，必有酒肉；將徹，不請所與；問有餘？曰：『亡矣。將以復進也。』此所謂養口體者也。若曾子，則可謂養志也。事親若曾子者，可也。」

守身 持守其身，使不陷於不義。

曾晳 名點，曾參的父親，他也是孔子的弟子。

徹 取。意指食畢取去剩下的酒肉。

請所與 問此餘者欲與誰也。

曾元 曾參的兒子。

復進 下一次再端上。

養口體 奉養父母的口腹。

養志 指順從親意之養。

20
孟子曰：「人不足與適也，政不足與間也。惟大人為能格君心之非。君仁，莫不仁；君義，莫不義；君正，莫不正；一正君而國定矣。」

人不足與適 人君用人不當，用不著一一指摘。適，讁責。

政不足與間 行政不當，用不著一一非難。間，非議。

大人 大德之人。

格 糾正。

21 孟子曰：「有不虞之譽，有求全之毀。」

22 孟子曰：「人之易其言也，無責耳矣。」

不虞 意想不到。
譽 讚揚。
求全 苛求完美無缺。
毀 毀謗。

易 輕率。
責 責任。

23 孟子曰：「人之患，在好為人師。」

24 樂正子從於子敖之齊。樂正子見孟子。孟子曰：「子亦來見我乎？」曰：「先生何為出此言也？」曰：「子來幾日矣？」曰：「昔者。」曰：「昔者，則我出此言也，不亦宜乎？」曰：「舍館未定。」曰：「子聞之也，舍館定，然後求見長者乎？」曰：「克有罪。」

患 毛病。

樂正子 魯人，名克，孟子弟子。

子敖 齊王寵臣。

昔者 指昨天。

舍館 指住宿的地方。舍，止息。

克 樂正子名。

25 孟子謂樂正子曰：「子之從於子敖來，徒餔啜也。我不意子學古之道，而以餔啜也！」

26 孟子曰：「不孝有三，無後為大。舜不告而娶，為無後也。君子以為猶告也。」

徒餔啜 但求飲食而已。餔，食。啜，飲。

不意 想不到。

不孝有三 阿意曲從，陷親不義，一不孝也；家貧親老，不為祿仕，二不孝也；不娶無子，絕先祖祀，三不孝也。

不告而娶 舜不告父母，擅娶堯之二女娥皇、女英。

猶告 視同已告父母。

27
孟子曰：「仁之實，事親是也。義之實，從兄是也。智之實，知斯二者弗去是也。禮之實，節文斯二者是也。樂之實，樂斯二者，樂則生矣；生則惡可已也？惡可已，則不知足之蹈之、手之舞之。」

實 指具體表現。

節文 節制、修飾。

惡 如何。

已 遏止。

28 孟子曰：「天下大悅而將歸己，視天下悅而歸己，猶草芥也，惟舜為然。不得乎親，不可以為人；不順乎親，不可以為子。舜盡事親之道，而瞽瞍厎豫；瞽瞍厎豫而天下化，瞽瞍厎豫而天下之為父子者定。此之謂大孝。」

天下 天下人民。

瞽叟 舜的父親。

厎豫 得到歡樂。厎，導致，和「底」形近而意義不同。

化 翕然從化。

定 指父子倫常確定。

離婁 下

1 孟子曰：「舜生於諸馮，遷於負夏，卒於鳴條；東夷之人也。文王生於岐周，卒於畢郢，西夷之人也。地之相去也，千有餘里；世之相後也，千有餘歲；得志行乎中國，若合符節。先聖後聖，其揆一也。」

諸馮 與負夏、鳴條，皆古地名，具體所在已無法確指，傳說都在今山東省。

岐周 岐，即今陝西岐山縣東北的岐山；「周」是國名。

畢郢 地名，在今陝西咸陽、西安間，周文、武二王及周公皆葬於此。

符節 古代朝廷用作憑證的信物，用金、玉、竹、銅、木等製作，形狀不一，上寫文字，剖分為二，雙方各執一半，使用時將兩半相合以驗真假。

揆 尺度，準則。

2

子產聽鄭國之政，以其乘輿濟人於溱、洧。孟子曰：「惠而不知為政。歲十一月徒杠成，十二月輿梁成，民未病涉也。君子平其政，行辟人可也。焉得人人而濟之？故為政者，每人而悅之，日亦不足矣。」

子產 春秋時鄭國的賢相，姓公孫，名僑，字子產。
乘輿 所乘坐的車子。
溱、洧 鄭國的兩條河流名。
惠 私恩小利。
十一月 周十一月，夏九月也。
徒杠 可徒步通行之小橋。
輿梁 可通車輿之橋梁。
病涉 以徒步跋涉為病苦。
平其政 平治其政刑，使無違其道。
行辟人可也 出行時可驅使行人迴避。

3

孟子告齊宣王曰：「君之視臣如手足，則臣視君如腹心；君之視臣如犬馬，則臣視君如國人；君之視臣如土芥，則臣視君如寇讎。」王曰：「禮，為舊君有服；何如斯可為服矣？」曰：「諫行，言聽，膏澤下於民；有故而去，則君使人導之出疆，又先於其所往；去三年不反，然後收其田里；此之謂三有禮焉。如此，則為之服矣。今也為臣，諫則不行，言則不聽，膏澤不下於民；有故而去，則君搏執之，又極之於其所往；去之日，遂收其田里；此之謂寇讎。寇讎，何服之有？」

國人 路人。

寇讎 強盜。

為舊君有服 舊臣為舊君服喪服。

膏澤 恩澤。

先於其所往 先至其所到之國，言其賢良也。

田里 田祿里居。

搏執 搜捕。

極 使窮困。

4 孟子曰：「無罪而殺士，則大夫可以去；無罪而戮民，則士可以徙。」

去 棄官離國。

徙 遷居避禍。

5 孟子曰：「君仁莫不仁，君義莫不義。」

6 孟子曰：「非禮之禮，非義之義，大人弗為。」

莫不仁 沒有人不依仁道做事。

非禮之禮 指似禮非禮之禮。

大人 有德的君子。

7
孟子曰：「中也養不中，才也養不才，故人樂有賢父兄也。如中也棄不中，才也棄不才，則賢不肖之相去，其間不能以寸。」

8
孟子曰：「人有不為也，而後可以有為。」

中 無過無不及之謂中。

養 養育教誨。

才 有才能的人。

不肖 不賢。

其間不能以寸 兩者之間的差距，不能以分寸計量。

有不為 行己有恥，不做非禮非義的事。

有為 有偉大的作為。

9 孟子曰：「言人之不善，當如後患何？」

10 孟子曰：「仲尼不為已甚者。」

言人之不善 說人家的壞話。

當如後患何 即「如何當後患」，怎能避免其後招致的禍患。

不為已甚 不做過分的事，要適可而止。已甚，過分。多指對人的譴責或處罰要適可而止。

11 孟子曰：「大人者，言不必信，行不必果；惟義所在。」

12 孟子曰：「大人者，不失其赤子之心者也。」

果 果斷。

義 宜。意指要合乎輕重，權衡適當與否。

赤子之心 純真無偽之心。赤子，嬰兒。

13 孟子曰：「養生者不足以當大事，惟送死可以當大事。」

14 孟子曰：「君子深造之以道，欲其自得之也。自得之，則居之安；居之安，則資之深；資之深，則取之左右逢其原。故君子欲其自得之也。」

養生 指奉養父母。

送死 指父母喪葬之事。

深造之以道 深造，指不斷前進，以達到精深的境地。之，所學也。道，正確的治學方法。

居 處。

資 積累。

原 通「源」。

15 孟子曰：「博學而詳說之，將以反說約也。」

博學 廣泛地學習。

詳說 詳細闡說其中的道理。

反說約也 指融會貫通後，回過頭來簡略陳述大義。

16 孟子曰：「以善服人者，未有能服人者也。以善養人，然後能服天下。天下不心服而王者，未之有也。」

以善服人 拿仁義的德行來使人服輸。

養人 教育薰陶別人。

17 孟子曰：「言無實，不祥。不祥之實，蔽賢者當之！」

18 徐子曰：「仲尼亟稱於水曰：『水哉，水哉！』何取於水也？」孟子曰：「原泉混混，不舍晝夜，盈科而後進，放乎四海。有本者如是，是之取爾。苟為無本，七八月之間雨集，溝澮皆盈；其涸也，可立而待也。故聲聞過情，君子恥之。」

實 指實質內容。
不祥 不好的。
蔽賢者 妨礙賢者進用的人。
當之 承當不祥之惡果。
徐子 孟子弟子徐辟。
亟 屢次。
混混 水奔流不絕的樣子。
不舍晝夜 晝夜不止。
盈科 水充滿坑坎。
放 至。
有本者 指學有根本的君子。
溝澮 田間水道，小者曰溝，大者曰澮。
聲聞 名譽也。
情 實際。

19

孟子曰：「人之所以異於禽獸者，幾希。庶民去之，君子存之。舜明於庶物、察於人倫，由仁義行，非行仁義也。」

幾希 微少。
去 棄也。
庶物 萬物的道理。
由 順著。

20

孟子曰：「禹惡旨酒，而好善言。湯執中，立賢無方。文王視民如傷，望道而未之見。武王不泄邇，不忘遠。周公思兼三王以施四事，其有不合者，仰而思之，夜以繼日；幸而得之，坐以待旦。」

旨酒 美酒。

善言 精善的言論。

執中 持守中庸之道。

立賢 任用賢人從政。

無方 沒有固定的標準。

視民如傷 看待人民如同對傷患，唯恐有所驚擾。

望道而未之見 比喻聖人愛民而求道深切，不自滿足。

不泄邇，不忘遠 不狎侮身邊朝臣，不忘卻遠方諸侯。

三王 夏商周三代聖王。

四事 禹湯文武四位聖王所做的聖事。

坐以待旦 坐等天亮，比喻迫不及待想實施。

21 孟子曰：「王者之迹熄而《詩》亡，《詩》亡然後春秋作。晉之《乘》、楚之《檮杌》、魯之《春秋》，一也：其事則齊桓、晉文，其文則史，孔子曰：『其義，則丘竊取之矣。』」

王者之迹熄 指巡狩之禮廢，王者車轍馬迹熄，太史不復陳《詩》，《詩》亦從此亡矣。

春秋 各國史記之通稱。

《乘》 春秋時代晉國的史書，側重記載國家賦稅車馬之事。乘原指戰車。

《檮杌》 春秋時代楚國的史書，側重記載懲戒凶惡之事。檮杌，古代傳說中的惡獸，此處借為史書之名。

《春秋》 春秋時代魯國的史書，側重記載每年四季的國家重大之事。

一也 此指以上三種史書都是記史之書。

其事 指以上三種史書中所記之事，以魯國《春秋》為主。

齊桓、**晉文** 以齊桓公和晉文公代指春秋五霸。

史 指史書之文用的是文勝於質的筆法。

其義 各國史記所寓褒貶之意。

竊取 私自取來。此乃孔子謙遜之辭。

22

孟子曰：「君子之澤，五世而斬；小人之澤，五世而斬。予未得為孔子徒也，予私淑諸人也。」

澤 流風餘韻。

五世 從自身到子、孫、曾孫、玄孫，共五代。

斬 斷絕。

予 我，孟子自稱。

徒 跟隨在身邊的入門弟子。

私淑諸人 即私拾諸人。

23

孟子曰：「可以取，可以無取；取，傷廉。可以與，可以無與；與，傷惠。可以死，可以無死；死，傷勇。」

取 收受。

廉 不苟取。

惠 仁恩。

死，傷勇 如果死了，就損傷了英勇。

逢蒙學射於羿，盡羿之道；思天下惟羿為愈己，於是殺羿。孟子曰：「是亦羿有罪焉。公明儀曰：『宜若無罪焉？』曰薄乎云爾；惡得無罪？鄭人使子濯孺子侵衛，衛使庾公之斯追之。子濯孺子曰：『今日我疾作，不可以執弓。吾死矣夫！』問其僕曰：『追我者，誰也？』其僕曰：『庾公之斯也。』曰：『吾生矣！』其僕曰：『庾公之斯，衛之善射者也；夫子曰吾生，何謂也？』曰：『庾公之斯學射於尹公之他，尹公之他學射於我。夫尹公之他，端人也；其取友，必端矣。』庾公之斯至，曰：『夫子何為不執弓？』曰：

逢蒙學射於羿 羿，夏之諸侯，善射，百發百中。逢蒙，羿弟子也，亦能百中。

愈 勝業。

薄 微薄。

子濯孺子 春秋時鄭國大夫，神箭手。

庾公之斯 衛國神箭手，向尹公之他學射。

疾作 舊病復發。

僕 車夫。

尹公之他 衛人，為人正直。

端人 正直的人。

『今日我疾作，不可以執弓。』曰：『小人學射於尹公之他，尹公之他學射於夫子；我不忍以夫子之道，反害夫子。雖然，今日之事，君事也；我不敢廢。』抽矢叩輪，去其金、發乘矢而後反。」

小人 庾公自稱。

抽矢叩輪 抽箭敲打車輪。

去其金 把金屬箭頭除掉。

乘矢 四矢。古代四馬為一乘，故物四為乘。

25

孟子曰：「西子蒙不潔，則人皆掩鼻而過之；雖有惡人，齊戒沐浴，則可以祀上帝。」

西子 古之好女西施也。

蒙不潔 指身上沾染了不潔的東西。

掩鼻而過 捂著鼻子走過去。形容對腥臭骯髒的嫌惡。

惡人 此指相貌醜惡的人。

可以祀上帝 可以侍上帝之祀。

26

孟子曰：「天下之言性也，則故而已矣。故者，以利為本。所惡於智者，為其鑿也。如智者若禹之行水也，則無惡於智矣。禹之行水也，行其所無事也。如智者亦行其所無事，則智亦大矣。天之高也，星辰之遠也，苟求其故，千歲之日至，可坐而致也。」

性 人物所得以生之理也。

則故 只要依據它們已然的跡象推求就得了。

利 順，指自然之勢。

鑿 穿鑿附會。

行其無所事 指大禹治水乃順水自然之勢，使之暢行無阻而不為害。

日至 指冬至。

坐而致也 坐著就能推算出來。

27

公行子有子之喪，右師往弔。入門，有進而與右師言者，有就右師之位而與右師言者；孟子不與右師言。右師不悅，曰：「諸君子皆與驩言，孟子獨不與驩言，是簡驩也。」孟子聞之，曰：「禮，朝廷不歷位而相與言，不踰階而相揖也。我欲行禮，子敖以我為簡，不亦異乎？」

公行子 齊大夫。

右師 先秦時官名。此指王驩。

進 右師未即位時便趨揖之。

就 右師就位後趨近與言。

簡 怠慢。

歷位 離開己位而涉入他人之位。

踰階而相揖 同階而趨迎相揖。

行禮 遵守禮法。

28

孟子曰：「君子所以異於人者，以其存心也。君子以仁存心，以禮存心；仁者愛人，有禮者敬人。愛人者，人恆愛之；敬人者，人恆敬之。

「有人於此，其待我以橫逆，則君子必自反也：『我必不仁也，必無禮也，此物奚宜至哉？』其自反而仁矣，自反而有禮矣，其橫逆由是也，君子必自反也：『我必不忠。』自反而忠矣，其橫逆由是也，君子曰：『此亦妄人也已矣！如此則與禽獸奚擇哉？於禽獸又何難焉！』

「是故，君子有終身之憂，無一朝之患也。乃

存 省察。

橫逆 不合理的暴戾行為。

物 此指此橫逆之行。

由 同「猶」。

妄人 無知而行為盲目的人。

擇 分別。

難 責難。

終身之憂 指君子一生都有尚未盡完責任的憂慮。

若所憂，則有之：舜，人也；我，亦人也；舜為法於天下，可傳於後世，我由未免為鄉人也！是則可憂也。憂之如何？如舜而已矣。「若夫君子所患，則亡矣；非仁無為也，非禮無行也，如有一朝之患，則君子不患矣。」

一朝之患 偶然發生的、不可知的意外。

亡 無也。

29

禹、稷當平世，三過其門而不入；孔子賢之。顏子當亂世，居於陋巷，一簞食，一瓢飲，人不堪其憂，顏子不改其樂；孔子賢之。

孟子曰：「禹、稷、顏回同道。禹思天下有溺者，由己溺之也；稷思天下有飢者，由己飢之也；是以如是其急也。禹、稷、顏子，易地則皆然。今有同室之人鬥者，救之，雖被髮纓冠而救之，可也。鄉鄰有鬥者，被髮纓冠而往救之，則惑也；雖閉戶可也。」

平世 有道之世。

亂世 無道之世。

同道 指聖賢同道，其心一也。

易地則皆然 禹稷窮必樂道，顏子達亦必急救民也。

鄉鄰 同鄉。

被髮纓冠 披散著頭髮，戴上帽子，連帽帶也來不及繫上。

惑 糊塗。

閉戶 關起門來不管。

30

公都子曰：「匡章，通國皆稱不孝焉；夫子與之遊，又從而禮貌之，敢問何也？」

孟子曰：「世俗所謂不孝者五：惰其四肢，不顧父母之養，一不孝也；博弈、好飲酒，不顧父母之養，二不孝也；好貨財、私妻子，不顧父母之養，三不孝也；從耳目之欲，以為父母戮，四不孝也；好勇鬥很，以危父母，五不孝也。章子有一於是乎？

「夫章子，子父責善而不相遇也。責善，朋友之道也；父子責善，賊恩之大者。

「夫章子，豈不欲有夫妻子母之屬哉？為得罪於父，不得近；出妻，屏子，終身不養

公都子 孟子弟子。

匡章 齊國的將軍。

通國 全國。

夫子 此指孟子。

禮貌之 禮之以顏色喜悅之貌。

養 供養。

從 通「縱」，放任。

耳目之欲 指專在聲色上求滿足。

戮 羞辱。

很 「狠」的本字。

責善 因求善而互相督責。

不相遇 意見不合。

賊 戕害。

屏 通「摒」。

終身不養 章子因得罪父親，不得近身奉養，只得休退愛妻，遠斥親子，一生不敢接受妻子的侍奉。

焉。其設心以為不若是，是則罪之大者。是則章子已矣。」

設心 用心。
不若是 不這樣做。

31

曾子居武城，有越寇。或曰：「寇至，盍去諸？」曰：「無寓人於我室，毀傷其薪木。寇退，則曰修我牆屋，我將反。」寇退，曾子反。左右曰：「待先生如此其忠且敬也，寇至，則先去以為民望；寇退，則反。殆於不可！」沈猶行曰：「是非汝所知也。昔沈猶有負芻之禍，從先生者七十人，未有與焉。」子思居於衛，有齊寇。或曰：「寇至，盍去諸？」子思曰：「如伋去，君誰與守？」孟子曰：「曾子、子思同道。曾子，師也，父兄也；子思，臣也，微也。曾子、子思易地則皆然。」

武城 魯國的地名。
越寇 越兵。
寓人 安排人住宿。
忠且敬 忠誠恭敬。
為民望 使民望而效之。
沈猶行 人名，姓沈猶，名行，曾子的弟子。
負芻 作亂者的名字。
子思 孔子之孫，名伋，字子思。
伋 子思名。
君誰與守 君與誰守社稷。

32 儲子曰：「王使人瞷夫子，果有以異於人乎？」孟子曰：「何以異於人哉？堯舜與人同耳。」

儲子 齊人。
瞷 暗中察看。

33

齊人有一妻一妾而處室者，其良人出，則必饜酒肉而後反。其妻問其所與飲食者，則盡富貴也。其妻告其妾曰：「良人出，則必饜酒肉而後反。問其與飲食者，盡富貴也；而未嘗有顯者來。吾將瞷良人之所之也。」

蚤起，施從良人之所之。徧國中無與立談者。卒之東郭墦間之祭者，乞其餘；不足，又顧而之他——此其為饜足之道也！

其妻歸，告其妾曰：「良人者，所仰望而終身也。今若此！」與其妾訕其良人，而相泣於中庭；而良人未之知也，施施從外來，驕其妻妾。

處室 居家過日子。
良人 古時妻子對丈夫的稱呼。
饜 滿足、飽食。
富貴 指富貴的人。
顯者 有地位有聲望的人。
蚤 通「早」。
施 通「迤」，透迤斜行。這裡指暗中跟蹤。
國中 都城內。
卒 最後。
東郭 城之東門外。
墦 墳墓。
訕 譏諷。
中庭 庭中，堂階前。
施施 喜悅自得的樣子。

由君子觀之，則人之所以求富貴利達者，其妻妾不羞也而不相泣者，幾希矣！

萬章 上

1

萬章問曰：「舜往于田，號泣于旻天。何為其號泣也？」孟子曰：「怨慕也。」

萬章曰：「父母愛之，喜而不忘；父母惡之，勞而不怨。然則舜怨乎？」

曰：「長息問於公明高曰：『舜往于田，則吾既得聞命矣；號泣于旻天、于父母，則吾不知也。』公明高曰：『是非爾所知也！』夫公明高，以孝子之心，為不若是恝。我竭力耕田，共為子職而已矣；父母之不我愛，於我何哉？帝使其子九男二女，百官牛羊倉廩備，以事舜於畎畝之中；天下之士，多就之者；帝將胥天下而遷之焉；為不順於父

萬章 戰國齊人，孟子弟子。
舜往于田 舜到歷山下耕種。
號泣于旻天 呼天而泣。號泣，大聲哭泣。
其 他，指舜。
怨慕 怨恨己不能侍親而思慕也。
長息 戰國人名，公明高的弟子。
公明高 春秋魯南武城人，曾子的弟子。
恝 無動於衷，淡然。
共 同「供」，供給。
於我何哉 我究竟有什麼過錯呢？
帝 此指帝堯。
畎畝之中 在田野之中，此指舜耕歷山沒有從政的時候。
胥 指考察舜的德行。
遷之 轉交給他來治理。

母，如窮人無所歸。天下之士悅之，人之所欲也，而不足以解憂；好色，人之所欲，妻帝之二女，而不足以解憂；富，人之所欲，富有天下，而不足以解憂；貴，人之所欲，貴為天子，而不足以解憂。人悅之、好色、富、貴，無足以解憂者；惟順於父母，可以解憂。人少，則慕父母；知好色，則慕少艾；有妻子，則慕妻子；仕則慕君，不得於君則熱中。大孝終身慕父母。五十而慕者，予於大舜見之矣！」

妻帝之二女　娶帝堯的兩個女兒作為妻子。

知好色　知道喜歡貌美之人。

少艾　年輕美貌之人。

不得於君　得不到君主的賞識而失意。

熱中　內心急躁而熱血湧動。

2

萬章問曰：「《詩》云：『娶妻如之何？必告父母。』信斯言也，宜莫如舜；舜之不告而娶，何也？」孟子曰：「告則不得娶。男女居室，人之大倫也。如告，則廢人之大倫，以懟父母；是以不告也。」

萬章曰：「舜之不告而娶，則吾既得聞命矣；帝之妻舜而不告，何也？」曰：「帝亦知告焉則不得妻也。」

萬章曰：「父母使舜完廩，捐階，瞽瞍焚廩；使浚井，出，從而揜之。象曰：『謨蓋都君，咸我績！牛羊父母，倉廩父母，干戈朕，琴朕，弤朕，二嫂使治朕棲。』象往入舜

《詩》 此為《詩經・齊風・南山》。

懟 怨。

妻 把女兒嫁給人為妻。

完廩 修繕糧倉。

捐階 撤下梯子。

瞽瞍 虞舜之父。

浚 通「濬」，疏通或鑿深水道。

揜 遮蓋。

象 舜異母弟。

謨蓋都君 謨蓋，謀害。都君，舜所居三年成都，故謂之都君。

咸我績 咸，皆。績，功績。

干戈朕、琴朕、弤朕 意指干戈、琴、弤都是舜所有，象自取之。弤，漆成紅色的弓。

二嫂使治朕棲 叫二位嫂嫂整理我的床，欲以二嫂為妻。棲，床。

宮，舜在牀琴。象曰：『鬱陶，思君爾！』忸怩。舜曰：『惟茲臣庶，汝其于予治。』不識舜不知象之將殺己與？」曰：「奚而不知也！象憂亦憂，象喜亦喜。」

曰：「然則舜偽喜者與？」曰：「否。昔者有饋生魚於鄭子產，子產使校人畜之池；校人烹之，反命曰：『始舍之，圉圉焉；少則洋洋焉，攸然而逝。』子產曰：『得其所哉！得其所哉！』校人出，曰：『孰謂子產智？予既烹而食之，曰得其所哉！得其所哉！』故君子可欺以其方，難罔以非其道，彼以愛兄之道來，故誠信而喜之，奚偽焉！」

牀琴 坐在床上彈琴。
鬱陶 鬱悶思念。
爾 語尾助詞。
忸怩 羞慚。
饋 進食於尊者。
鄭子產 姓公孫，名僑，字子子產，春秋時期鄭國執政大夫。
校人 管理池沼的小官。
反命 回報。
圉圉 困頓乏力的樣子。
洋洋 舒展活潑的樣子。
攸然而逝 從容自在地離去。
方 常道。
罔 欺騙。

3 萬章問曰：「象日以殺舜為事，立為天子則放之，何也？」孟子曰：「封之也。或曰放焉。」

萬章曰：「舜流共工于幽州，放驩兜于崇山，殺三苗于三危，殛鯀于羽山，四罪而天下咸服，誅不仁也。象至不仁，封之有庳，有庳之人奚罪焉？仁人固如是乎？在他人則誅之，在弟則封之！」

曰：「仁人之於弟也，不藏怒焉，不宿怨焉，親愛之而已矣。親之，欲其貴也。愛之，欲其富也。封之有庳，富貴之也。身為天子，弟為匹夫，可謂親愛之乎？」

放 放逐。

封 天子以土地分與人，立為諸侯曰封。

舜流共工于幽州 相傳舜將共工流放幽州。流，五刑之一，放逐遠方終身不返。

驩兜 古代傳說中的三苗族首領，被舜流放至崇山。

三苗 古國名，即今南方山洞中之苗人。

三危 山名。

殛 誅也。

鯀 禹父名，堯時因治水無功，舜為天子後被流放於羽山。

有庳 地名，位於今湖南道縣，應在舜都蒲阪附近。

藏怒宿怨 藏、宿，存留。把憤怒和怨恨藏留在心裡。指心懷怨恨，久久難消。

「敢問『或曰放』者，何謂也？」曰：「象不得有為於其國，天子使吏治其國，而納其貢稅焉，故謂之放。豈得暴彼民哉？雖然，欲常常而見之，故源源而來。『不及貢，以政接於有庳』，此之謂也。」

或曰放 有人以為把他放逐了。

源源 若流水相繼不斷。

來 來朝覲。

不及貢 等不及諸侯定期的朝貢。

以政接於有庳 以政事接見有庳之君。

4 咸丘蒙問曰：「語云：盛德之士，君不得而臣，父不得而子；舜南面而立，堯帥諸侯北面而朝之，瞽瞍亦北面而朝之。舜見瞽瞍，其容有蹙。孔子曰：於斯時也，天下殆哉，岌岌乎！不識此語誠然乎哉？」

孟子曰：「否。此非君子之言，齊東野人之語也。堯老而舜攝也。〈堯典〉曰：『二十有八載，放勳乃徂落；百姓如喪考妣，三年，四海遏密八音。』孔子曰：『天無二日，民無二王。』舜既為天子矣，又帥天下諸侯以為堯三年喪，是二天子矣！」

咸丘蒙曰：「舜之不臣堯，則吾既得聞命

咸丘蒙 複姓咸丘，名蒙，齊人，孟子弟子。

語 古語。

盛德之士 德行高的人。

帥 率領。

岌岌 危險的樣子。

齊東野人 齊東，齊國之東鄙。東野人，東作田野之人。

攝 代理政事。

放勳 亦作「放勛」。帝堯名。

徂落 死亡。

遏密八音 遏，阻止。密，寂靜。各種樂器停止演奏，樂聲寂靜。舊指皇帝死後停樂舉哀。

不臣堯 不以堯為臣。

矣。《詩》云：『普天之下，莫非王土；率土之濱，莫非王臣。』而舜既為天子矣，敢問瞽瞍之非臣如何？」

曰：「是詩也，非是之謂也；勞於王事，而不得養父母也。曰：『此莫非王事，我獨賢勞也。』故說詩者，不以文害辭，不以辭害志；以意逆志，是為得之。如以辭而已矣，〈雲漢〉之詩曰：『周餘黎民，靡有子遺。』信斯言也，是周無遺民也。孝子之至，莫大乎尊親；尊親之至，莫大乎以天下養。為天子父，尊之至也；以天下養，養之至也。《詩》曰：『永言孝思，孝思維則。』此之謂

率土之濱 指四海之內。

此莫非王事 言此皆王事。

賢勞 辛勞。

以文害辭 因拘泥文字而誤解詞句。

以辭害志 因拘泥於詞句而誤解文意。

以意逆志 以己意迎取作者之志。

〈雲漢〉 《詩經·大雅》篇名。

靡有子遺 靡，沒有。子遺，留存。

《詩》 《詩經·大雅·下武》。

則 法則。

也。《書》曰：『祗載見瞽瞍，夔夔齊栗，瞽瞍亦允若。』是為父不得而子也？」

祗載 恭敬。

夔夔齊栗 敬謹恐懼的樣子。齊通「齋」。栗通「慄」。

允若 信順。

也 通「耶」，表示詰問語氣。

5 萬章曰：「堯以天下與舜，有諸？」孟子曰：「否。天子不能以天下與人。」

「然則舜有天下也，孰與之？」曰：「天與之。」

「天與之者，諄諄然命之乎？」曰：「否。天不言，以行與事示之而已矣。」

曰：「以行與事示之者，如之何？」曰：「天子能薦人於天，不能使天與之天下；諸侯能薦人於天子，不能使天子與之諸侯；大夫能薦人於諸侯，不能使諸侯與之大夫。昔者堯薦舜於天而天受之，暴之於民，而民受之。故曰：『天不言，以行與事示之而已矣。』」

曰：「敢問『薦之於天，而天受之；暴之於

諄諄 叮嚀告諭，教誨不倦的樣子。

命之 告曉。

行與事 指舜的德行和行事。

暴 顯示。

民，而民受之』，如何？」曰：「使之主祭而百神享之，是天受之；使之主事而事治，百姓安之，是民受之也。天與之，人與之，故曰：『天子不能以天下與人。』舜相堯，二十有八載，非人之所能為也，天也。堯崩，三年之喪畢，舜避堯之子於南河之南。天子諸侯朝覲者，不之堯之子而之舜；訟獄者，不之堯之子而之舜；謳歌者，不謳歌堯之子而謳歌舜。故曰天也。夫然後，之中國，踐天子位焉。而居堯之宮，逼堯之子，是篡也，非天與也。〈泰誓〉曰：『天視自我民視，天聽自我民聽。』此之謂也。」

相 輔佐。

崩 天子死曰崩。

南河之南 黃河在堯都之南，故稱南河。

朝覲 臣子上朝謁見君主。

謳歌 歌詠以頌功德。

中國 帝都居國之中，故曰中國。

踐天子位 登天子之位。

〈泰誓〉 《尚書》篇名。

6

萬章問曰：「人有言：『至於禹而德衰，不傳於賢而傳於子。』有諸？」

孟子曰：「否，不然也。天與賢，則與賢；天與子，則與子。昔者，舜薦禹於天，十有七年，舜崩，三年之喪畢，禹避舜之子於陽城，天下之民從之，若堯崩之後，不從堯之子而從舜也。禹薦益於天，七年，禹崩，三年之喪畢，益避禹之子於箕山之陰，朝覲訟獄者，不之益而之啟，曰：『吾君之子也。』謳歌者，不謳歌益而謳歌啟，曰：『吾君之子也。』丹朱之不肖，舜之子亦不肖；舜之相堯、禹之相舜也，歷年多，施澤於民久。

禹 夏開國之君，黃帝玄孫，姒姓。治水有功，舜使率百官行天子事，舜崩，禹乃踐位。

舜之子 名商均。

陽城 山名。

益 虞舜之臣，佐禹治水有功。

箕山之陰 箕山之北。

不之益而之啟 朝、見訴訟的人不到益那兒，而到啟這兒來。

丹朱 堯的長子，傳說堯造圍棋以教丹朱，故圍棋雅號丹朱。

不肖 不似其父之賢也。

啟賢，能敬承繼禹之道；益之相禹也，歷年少，施澤於民未久。

「舜、禹、益相去久遠，其子之賢不肖，皆天也，非人之所能為也。莫之為而為者，天也；莫之致而至者，命也。匹夫而有天下者，德必若舜、禹，而又有天子薦之者；故仲尼不有天下。繼世而有天下，天之所廢，必若桀、紂者也。故益、伊尹、周公不有天下。伊尹相湯，以王於天下，湯崩，太丁未立，外丙二年，仲壬四年。太甲顛覆湯之典刑，伊尹放之於桐；三年，太甲悔過，自怨自艾，於桐處仁遷義，三年，以聽伊尹之訓

莫之致而至者 言非人所致而自至之。

匹夫 指平民。

繼世 繼承先世之基業。

伊尹 名摯，商初的賢相。

王 統治。

太丁未立 湯之太子，未立而死。

外丙 太丁之弟。

仲壬 外丙之弟。

太甲 成湯嫡長孫，太丁之子。

己也，復歸于亳。周公之不有天下，猶益之於夏、伊尹之於殷也。「孔子曰：『唐、虞禪，夏后、殷、周繼，其義一也。』」

典刑 常法、常刑。

桐 湯墓所在。

自怨自艾 悔恨自己過去的錯誤而加以改正缺失。艾，治也。

處仁遷義 以仁自處，見義則遷。

禪 帝王讓位給賢者。

7 萬章問曰：「人有言：『伊尹以割烹要湯。』有諸？」

孟子曰：「否，不然。伊尹耕於有莘之野，而樂堯、舜之道焉。非其義也，非其道也，祿之以天下，弗顧也；繫馬千駟，弗視也。非其義也，非其道也，一介不以與人，一介不以取諸人。湯使人以幣聘之，囂囂然曰：『我何以湯之聘幣為哉！我豈若處畎畝之中，由是以樂堯、舜之道哉！』湯三使往聘之，既而幡然改曰：『與我處畎畝之中，由是以樂堯、舜之道，吾豈若使是君為堯、舜之君哉？吾豈若使是民為堯、舜之民哉？吾豈

割烹要湯 割肉烹羹，為庖人也。要，要求。

有莘 古國名。今山東省曹縣北。

祿之以天下 以天下之祿加之。

千駟 四千匹馬。

一介 介通「芥」。一介，喻微細也。

囂囂然 無欲自得的樣子。

畎畝 田野。

幡然 忽然改變的樣子。

若於吾身親見之哉？天之生此民也，使先知覺後知，使先覺覺後覺也。予，天民之先覺者也；予將以斯道覺斯民也，非予覺之而誰也！』思天下之民，匹夫匹婦，有不被堯、舜之澤者，若己推而內之溝中。其自任以天下之重如此，故就湯而說之以伐夏救民。吾未聞枉己而正人者也，況辱己以正天下者乎？聖人之行不同也；或遠或近，或去或不去；歸潔其身而已矣。吾聞其以堯、舜之道要湯，未聞以割烹也。〈伊訓〉曰：『天誅造攻自牧宮，朕載自亳。』」

內 通「納」。

說 說服。

〈伊訓〉《尚書》逸篇名。

牧宮 夏桀的王宮。

朕 伊尹自稱。

載 始。

亳 南亳，湯都也。

8

萬章問曰：「或謂孔子於衛主癰疽，於齊主侍人瘠環：有諸乎？」

孟子曰：「否，不然也。好事者為之也。於衛主顏讎由。彌子之妻，與子路之妻，兄弟也；彌子謂子路曰：『孔子主我，衛卿可得也。』子路以告，孔子曰：『有命。』孔子進以禮，退以義，得之不得，曰有命。而主癰疽與侍人瘠環，是無義無命也。孔子不悅於魯衛，遭宋桓司馬，將要而殺之，微服而過宋。是時孔子當阨，主司城貞子，為陳侯周臣。吾聞：觀近臣，以其所為主；觀遠臣，以其所主。若孔子主癰疽與侍人瘠環，何以為孔子？」

衛 古國名。周武王少弟康叔之封地。

主癰疽 主，謂舍於其家，以之為主人也。癰疽，癰疽之醫者。

侍人瘠環 侍人，俗稱太監。瘠環，與癰疽皆時君所近狎之人也。

顏讎由 衛國賢大夫。

彌子 衛靈公寵妾。

兄弟 古代女子亦以兄弟分長幼。

主我 住進我家。

不悅 不被喜歡。

宋桓 宋國大夫向魋，亦稱桓魋。

司城貞子 宋卿也，雖非大賢，亦無諂惡之罪，故諡為貞子。

陳侯周臣 陳懷公子也，為楚所滅，故無諡，但曰陳侯周。

所為主 所款待之賓。

遠臣 遠方來仕者。

所主 其所寄寓之主人。

9

萬章問曰：「或曰：『百里奚自鬻於秦養牲者五羊之皮，食牛以要秦穆公。』信乎？」

孟子曰：「否，不然，好事者為之也。百里奚，虞人也。晉人以垂棘之璧與屈產之乘，假道於虞以伐虢。宮之奇諫，百里奚不諫。知虞公之不可諫，而去之秦，年已七十矣，曾不知以食牛干秦穆公之為汙也，可謂智乎？不可諫而不諫，可謂不智乎？知虞公之將亡，而先去之，不可謂不智也。時舉於秦，知穆公之可與有行也，而相之，可謂不智乎？相秦而顯其君於天下，可傳於後世，不賢而能之乎？自鬻以成其君，鄉黨自好者

百里奚 複姓百里，名奚。初事虞公，後事秦穆公，世人稱其為五羖大夫。

鬻 賣。

五羊之皮 百里奚賣身之值。

食 飼。

秦穆公 春秋時代秦國國君。嬴姓，名任好。勤求賢士，得百里奚等賢臣，助晉文公歸晉。在位三十九年。謚穆。春秋五霸之一。

垂棘 春秋晉國產美玉的地方。

屈產 春秋晉地名，產良馬。

乘 四馬。

假道 借道。

虢 國名。

宮之奇 虞之賢大夫，諫虞公勿借道給晉，虞公不聽，遂為晉所滅。百里奚知其不可諫，故不

不為，而謂賢者為之乎？」

諫而去。

有行 有所作為。

萬章 下

1 孟子曰：「伯夷，目不視惡色，耳不聽惡聲。非其君不事，非其民不使。治則進，亂則退。橫政之所出，橫民之所止，不忍居也。思與鄉人處，如以朝衣朝冠坐於塗炭也。當紂之時，居北海之濱，以待天下之清也。故聞伯夷之風者，頑夫廉，懦夫有立志。

「伊尹曰：『何事非君？何使非民？』治亦進，亂亦進。曰：『天之生斯民也，使先知覺後知，使先覺覺後覺。予，天民之先覺者也，予將以此道覺此民也。』思天下之民，匹夫匹婦，有不與被堯、舜之澤者，若己推

橫政 暴政。橫，不循法度。

橫民 亂民。

塗炭 喻不潔之物。塗，泥也。

風 風節。

頑夫 無知貪婪的人。

而內之溝中，其自任以天下之重也。

「柳下惠，不羞汙君，不辭小官；進不隱賢，必以其道。遺佚而不怨，阨窮而不憫；與鄉人處，由由然不忍去也。『爾為爾，我為我，雖袒裼裸裎於我側，爾焉能浼我哉？』故聞柳下惠之風者，鄙夫寬，薄夫敦。

「孔子之去齊，接淅而行；去魯，曰：『遲遲吾行也！』去父母國之道也。可以速而速，可以久而久，可以處而處，可以仕而仕，孔子也。」

孟子曰：「伯夷，聖之清者也；伊尹，聖之

柳下惠 魯公族大夫展禽，名獲，字季，食邑柳下，諡惠。

由由然 高興自得的樣子。

浼 弄髒。

鄙夫 胸襟狹窄、見識淺薄之人。

薄夫 性情刻薄之人。

接淅 把米從水裡撈出來，形容著急的樣子。

去父母國 離開祖國。

處 指隱居。

清者 清守自持的人。

任者也；柳下惠，聖之和者也；孔子，聖之時者也。孔子之謂集大成。集大成也者，金聲而玉振之也。金聲也者，始條理也；玉振之也者，終條理也；始條理者，智之事也；終條理者，聖之事也。智，譬則巧也；聖，譬則力也。由射於百步之外也：其至，爾力也；其中，非爾力也。」

任者 敢於承擔責任的人。
和者 隨遇而安的人。
時者 懂得見機行事的人。
金聲而玉振 古代儀禮奏樂時，先敲鐘，後以擊磬收尾。
條理 指眾樂合奏時的節奏，指脈絡。
譬 好比。
由 同「猶」。
中 射中鵠的。

2

北宮錡問曰：「周室班爵祿也，如之何？」

孟子曰：「其詳不可得聞也。諸侯惡其害己也，而皆去其籍。然而軻也，嘗聞其略也。天子一位，公一位，侯一位，伯一位，子、男同一位，凡五等也。君一位，卿一位，大夫一位，上士一位，中士一位，下士一位，凡六等。天子之制，地方千里；公、侯皆方百里，伯七十里，子、男五十里，凡四等。不能五十里，不達於天子，附於諸侯，曰附庸。

「天子之卿受地視侯，大夫受地視伯，元士受地視子、男。大國地方百里；君十卿祿，卿祿四大夫，大夫倍上士，上士倍中士，中

北宮錡 衛人。姓北宮，名錡。

班 列，分別等級。

籍 載籍。

五等 天子、公、侯、伯、子男，乃五等之封爵，通於天下。

六等 君、卿、大夫、上士、中士、下士，乃六等之職位，施於國中。

不能 不足。

不達於天子 不能直接和天子打交道。

視 比照。

元士 上士也。

君十卿祿 君主的俸祿是卿的十倍。

士倍下士；下士與庶人在官者同祿，祿足以代其耕也。次國地方七十里，君十卿祿，卿祿三大夫，大夫倍上士，上士倍中士，中士倍下士；下士與庶人在官者同祿，祿足以代其耕也。小國地方五十里，君十卿祿，卿祿二大夫，大夫倍上士，上士倍中士，中士倍下士；下士與庶人在官者同祿，祿足以代其耕也。耕者之所獲，一夫百畝；百畝之糞，上農夫食九人，上次食八人，中食七人，中次食六人，下食五人；庶人在官者，其祿以是為差。」

次國 中等國家。

一夫 一個成年男子。

糞 施肥耕種。

食 以食養人。

3 萬章問曰：「敢問友？」

孟子曰：「不挾長，不挾貴，不挾兄弟而友；友也者，友其德也，不可以有挾也。孟獻子，百乘之家也，有友五人焉：樂正裘、牧仲，其三人則予忘之矣。獻子之與此五人者友也，無獻子之家者也；此五人者，亦有獻子之家，則不與之友矣。非惟百乘之家為然也，雖小國之君亦有之。費惠公曰：『吾於子思，則師之矣；吾於顏般，則友之矣。王順、長息，則事我者也。』

「非惟小國之君為然也，雖大國之君亦有之。晉平公之於亥唐也，入云則入，坐云則

挾 有所挾持而自恃。

不挾貴 不自恃地位高。

孟獻子 魯國大夫仲孫蔑。

百乘之家 大夫之家。

樂正裘 魯人，亦作「樂正求」。

牧仲 魯人，亦作「牧中」。

費惠公 費國之君。

亥唐 晉賢人，隱居不仕。

坐，食云則食；雖蔬食菜羹，未嘗不飽，蓋不敢不飽也。然終於此而已矣。弗與共天位也，弗與治天職也，弗與食天祿也。士之尊賢者也，非王公之尊賢也。舜尚見帝，帝館甥於貳室，亦饗舜；迭為賓主。是天子而友匹夫也。用下敬上，謂之貴貴；用上敬下，謂之尊賢；貴貴尊賢，其義一也。」

尚 同「上」。

甥 堯以女妻舜，故謂之甥。

貳室 另外的宮室。

迭為賓主 輪流做賓主。

貴貴 敬重上位之人。

尊賢 敬重下位之人。

4 萬章問曰：「敢問交際，何心也？」孟子曰：「恭也。」

曰：「卻之卻之為不恭，何哉？」曰：「尊者賜之，曰：『其所取之者，義乎？不義乎？』而後受之；以是為不恭，故弗卻也。」

曰：「請無以辭卻之，以心卻之，曰：『其取諸民之不義也。』而以他辭無受，不可乎？」

曰：「其交也以道，其接也以禮，斯孔子受之矣。」

萬章曰：「今有禦人於國門之外者，其交也以道，其餽也以禮，斯可受禦與？」曰：「不可。〈康誥〉曰：『殺越人於貨，閔不畏死，

交際 以禮儀幣帛相交接。

卻之卻之 一再推辭不收。卻之，人以幣帛來，不受之也。

不恭 不恭敬。

他辭 指藉口。

國門 國都的城門。

受禦 受此殺人劫得之貨。

〈康誥〉 此乃《書經．周書》篇名。

閔 通「暋」，強悍。

凡民罔不譈。』是不待教而誅者也。殷受夏，周受殷，所不辭也，於今為烈，如之何其受之！」

曰：「今之諸侯，取之於民也，猶禦也；苟善其禮際矣，斯君子受之？敢問何說也？」

曰：「子以為有王者作，將比今之諸侯而誅之乎？其教之不改，而後誅之乎？夫謂非其有而取之者，盜也。充類至義之盡也。孔子之仕於魯也，魯人獵較，孔子亦獵較；獵較猶可，而況受其賜乎？」

曰：「然則孔子之仕也，非事道與？」曰：「事道也。」

罔不譈 罔，無。譈，怨恨。

充類 擴充其事至盡也。

獵較 爭奪獵物。

事道 為了行道。

「事道，奚獵較也？」曰：「孔子先簿正祭器，不以四方之食供簿正。」曰：「奚不去也？」曰：「為之兆也，兆足以行矣，而不行，而後去；是以未嘗有所終三年淹也。孔子有見行可之仕，有際可之仕，有公養之仕。於季桓子，見行可之仕也；於衛靈公，際可之仕也；於衛孝公，公養之仕也。」

先簿正祭器 先立簿書，而正宗廟之祭器也。
四方之食 指珍異難得之食。
兆 開始。
淹 停留。
見行可 見其道之可行。
際可 接遇以禮。
公養 國君養賢之禮。
季桓子 魯卿季孫斯。孔子在魯為司寇，正季桓子秉政之時，故謂之「見行可之仕」。
衛靈公 衛侯元。衛靈公嘗郊迎孔子，故謂之「際可之仕」。
衛孝公 嘗致粟於孔子，故謂之「公養之仕」。

5
孟子曰：「仕非為貧也，而有時乎為貧；娶妻非為養也，而有時乎為養。為貧者，辭尊居卑，辭富居貧。辭尊居卑，辭富居貧，惡乎宜乎？抱關擊柝。孔子嘗為委吏矣，曰：『會計當而已矣。』嘗為乘田矣，曰：『牛羊茁壯長而已矣。』位卑而言高，罪也；立乎人之本朝而道不行，恥也。」

「娶妻」二句　娶妻子是為了繼嗣，但有時也是為了奉養父母。

辭富居貧　富貧，指俸祿之厚薄。

抱關擊柝　抱關，守城門者。擊柝，敲更守夜者，皆位卑祿薄者。

委吏　管倉庫的小吏。

當　恰當，合宜。

乘田　主管畜牧的小吏。

6 萬章曰：「士之不託諸侯，何也？」孟子曰：「不敢也。諸侯失國而後託於諸侯，禮也；士之託於諸侯，非禮也。」萬章曰：「君餽之粟，則受之乎？」曰：「受之。」「受之，何義也？」曰：「君之於氓也，固周之。」曰：「周之則受，賜之則不受，何也？」曰：「不敢也。」曰：「敢問其『不敢』何也？」曰：「抱關擊柝者，皆有常職以食於上；無常職而賜於上者，以為不恭也。」

士 讀書而未仕之人，乃無位之仕。
託 指寄食。
粟 米糧。
氓 外來的人民。
周 周濟。

曰：「君餽之，則受之；不識可常繼乎？」

曰：「繆公之於子思也，亟問，亟餽鼎肉，子思不悅；於卒也，摽使者出諸大門之外，北面稽首，再拜而不受，曰：『今而後，知君之犬馬畜伋！』蓋自是臺無餽也。悅賢不能舉，又不能養也，可謂悅賢乎？」

曰：「敢問國君欲養君子，如何斯可謂養矣？」曰：「以君命將之，再拜稽首而受；其後廩人繼粟，庖人繼肉，不以君命將之。子思以為鼎肉使己僕僕爾亟拜也，非養君子之道也。堯之於舜也，使其子九男事之，二女女焉，百官牛羊倉廩備，以養舜於畎畝之

亟 屢次。
鼎肉 熟肉。
卒 末了、後來。
摽 指使。
伋 子思名。
臺 主使令之賤吏。
將 送。
廩人 掌出納米穀之官。
庖人 掌饈膳之官。
鼎肉 熟肉。
僕僕爾 繁瑣的樣子。
女 嫁女。

中，後舉而加諸上位。故曰：王公之尊賢者也。」

7 萬章曰：「敢問不見諸侯，何義也？」孟子曰：「在國曰市井之臣，在野曰草莽之臣，皆謂庶人，庶人不傳質為臣，不敢見於諸侯，禮也。」

萬章曰：「庶人，召之役，則往役；君欲見之，召之，則不往見之，何也？」曰：「往役，義也；往見，不義也。且君之欲見之也，何為也哉？」

曰：「為其多聞也，為其賢也。」曰：「為其多聞也，則天子不召師，而況諸侯乎？為其賢也，則吾未聞欲見賢而召之也。繆公亟見於子思曰：『古千乘之國以友士，何如？』子

國 都邑。
野 田野。
傳質 致送見面禮。士執雉，庶人執鶩。

思不悅曰：『古之人有言，曰事之云乎；豈曰友之云乎？』子思之不悅也，豈不曰：『以位，則子君也，我臣也，何敢與君友也？以德，則子事我者也，奚可以與我友？』千乘之君，求與之友而不可得也，而況可召與？昔齊景公田，招虞人以旌，不至，將殺之。『志士不忘在溝壑，勇士不忘喪其元。』孔子奚取焉？取非其招不往也。」

曰：「敢問招虞人何以？」曰：「以皮冠。庶人以旃，士以旂，大夫以旌。以大夫之招招虞人，虞人死不敢往；以士之招招庶人，庶人豈敢往哉？況乎以不賢人之招招賢人乎？

旌 飾有羽毛的旗。

皮冠 國君田獵，欲招虞人，以此冠為信符。

旃 曲柄旗。

旂 飾有鈴鐺的一種古代的旗。

欲見賢人而不以其道，猶欲其入而閉之門也。夫義，路也；禮，門也；惟君子能由是路、出入是門也。《詩》云：『周道如厎，其直如矢；君子所履，小人所視。』」萬章曰：「孔子，君命召，不俟駕而行；然則孔子非與？」曰：「孔子當仕有官職，而以其官召之也。」

《詩》 此指《詩．小雅．大東》篇。
周道如厎 周道，大路。厎，同「砥」，礪石。
視 效法。

8 孟子謂萬章曰：「一鄉之善士，斯友一鄉之善士；一國之善士，斯友一國之善士；天下之善士，斯友天下之善士。以友天下之善士為未足，又尚論古之人。頌其詩，讀其書，不知其人，可乎？是以論其世也。是尚友也。」

一鄉之善士 才德冠於一鄉的人。

尚 通「上」。進而上也。

頌 通「誦」。

尚友 與古人交朋友。

9

齊宣王問卿。孟子曰：「王何卿之問也？」

王曰：「卿不同乎？」

曰：「不同。有貴戚之卿，有異姓之卿。」

王曰：「請問貴戚之卿？」

曰：「君有大過則諫；反覆之而不聽，則易位。」

王勃然變乎色。曰：「王勿異也。王問臣，臣不敢不以正對。」

王色定，然後請問「異姓之卿」。曰：「君有過則諫；反覆之而不聽，則去。」

卿 古官等名，位在大夫上，分上中下三級。

何卿之問 問何等之卿。

易位 易君之位，改立賢者。

勃然 發怒衝動的樣子。

勿異 不要責怪。

以正對 以正義相告。

色定 臉色平靜下來。

告子上

1 告子曰：「性，猶杞柳也；義，猶桮棬也；以人性為仁義，猶以杞柳為桮棬。」

孟子曰：「子能順杞柳之性，而以為桮棬乎？將戕賊杞柳，而後以為桮棬也？如將戕賊杞柳而以為桮棬，則亦將戕賊人以為仁義與？率天下之人而禍仁義者，必子之言夫！」

杞柳 落葉灌木，枝條細長柔韌，可編織箱筐等器物。

桮棬 酒器。用枝條編成杯盤之胎，再塗漆加工而成。

戕賊 殘害。

率 率領。

2

告子曰：「性，猶湍水也；決諸東方則東流，決諸西方則西流。人性之無分於善不善也，猶水之無分於東西也。」

孟子曰：「水信無分於東西，無分於上下乎？人性之善也，猶水之就下也；人無有不善，水無有不下。今夫水，搏而躍之，可使過顙；激而行之，可使在山；是豈水之性哉？其勢則然也。人之可使為不善，其性亦猶是也。」

湍水 急流。
決 疏導。
信 誠也。
搏 擊。
顙 前額。
激 阻遏水勢使奮躍。

3
告子曰：「生之謂性。」
孟子曰：「生之謂性也，猶白之謂白與？」
曰：「然。」
「白羽之白也，猶白雪之白；白雪之白，猶白玉之白與？」
曰：「然。」
「然則犬之性猶牛之性；牛之性猶人之性與？」

生之謂性 與生俱來的本質叫做性。
白之謂白 指凡是白色的都叫做白，沒有差別。
然 是的。

4

告子曰：「食色，性也。仁，內也，非外也；義，外也，非內也。」

孟子曰：「何以謂仁內義外也？」曰：「彼長而我長之，非有長於我也；猶彼白而我白之，從其白於外也；故謂之外也。」

曰：「異。於白馬之白也，無以異於白人之白也；不識長馬之長也，無以異於長人之長與？且謂長者義乎？長之者義乎？」曰：「吾弟則愛之，秦人之弟則不愛也，是以我為悅者也，故謂之內。長楚人之長，亦長吾之長，是以長為悅者也，故謂之外也。」

曰：「耆秦人之炙，無以異於耆吾炙，夫物

食色 甘食悅色。

長之 尊其長也。

耆 通「嗜」。

炙 烤肉。

則亦有然者也。然則耆炙亦有外與？」

5 孟季子問公都子曰：「何以謂義內也？」曰：「行吾敬，故謂之內也。」「鄉人長於伯兄一歲，則誰敬？」曰：「敬兄。」「酌則誰先？」曰：「先酌鄉人。」「所敬在此，所長在彼，果在外，非由內也。」公都子不能答，以告孟子。孟子曰：「『敬叔父乎？敬弟乎？』彼將曰：『敬叔父。』曰：『弟為尸，則誰敬？』彼將曰：『敬弟。』子曰：『惡在其敬叔父也？』彼將曰：『在位故也。』子亦曰：『在位故也。』庸敬

孟季子 疑是孟仲子之弟也。

公都子 孟子弟子。

伯兄 長兄。

尸 古代祭祀時，代死者受祭、象徵死者神靈的人，以臣下或死者的晚輩充任。後世改為用神主、畫像。

惡 為何。

在位 居於當受禮敬之位。此指弟在尸位。

庸 常。

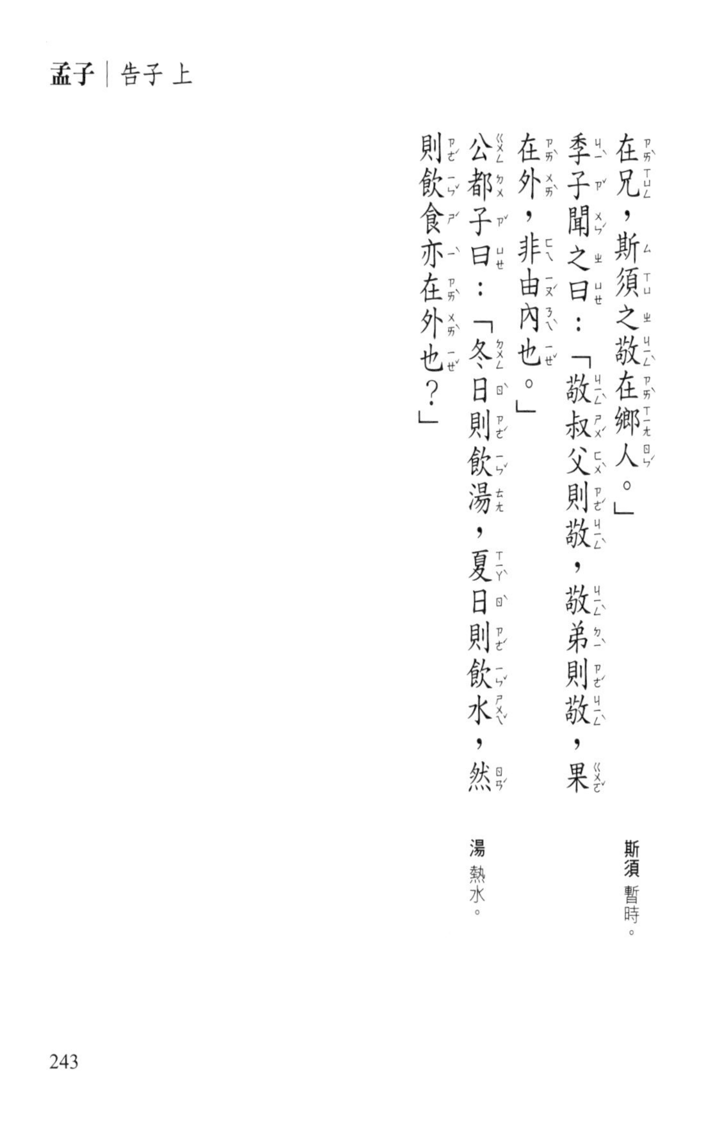

在兄，斯須之敬在鄉人。」

季子聞之曰：「敬叔父則敬，敬弟則敬，果在外，非由內也。」

公都子曰：「冬日則飲湯，夏日則飲水，然則飲食亦在外也？」

斯須 暫時。

湯 熱水。

6

公都子曰：「告子曰：『性無善無不善也。』或曰：『性可以為善，可以為不善。是故，文武興，則民好善；幽厲興，則民好暴。』或曰：『有性善，有性不善。是故，以堯為君，而有象；以瞽瞍為父，而有舜；以紂為兄之子，且以為君，而有微子啟、王子比干。』今曰『性善』，然則彼皆非與？」

孟子曰：「乃若其情，則可以為善矣，乃所謂善也。若夫為不善，非才之罪也。惻隱之心，人皆有之；羞惡之心，人皆有之；恭敬之心，人皆有之；是非之心，人皆有之。惻隱之心，仁也；羞惡之心，義也；恭敬之

幽、厲 指周幽王、周厲王，周代兩個暴君。

微子啟 紂王的庶兄。

王子比干 紂王叔父，因勸諫紂王被剖心而死。

乃若其情 「乃若」二字是傳抄過程中誤增的字。情，本質本性。

才 人初生所具有的本性。

惻隱之心 同情憐憫之心。

心，禮也；是非之心，智也。仁義禮智，非由外鑠我也，我固有之也，弗思耳矣。故曰：求則得之，舍則失之。或相倍蓰而無算者，不能盡其才者也。《詩》曰：『天生蒸民，有物有則。民之秉夷，好是懿德。』孔子曰：『為此詩者，其知道乎！故有物必有則；民之秉夷也，故好是懿德。』」

鑠 以火銷金，此指傳授。

倍蓰 一倍曰倍，五倍曰蓰。

無算 多到不可計數。

《詩》 此指《詩．大雅．烝民》。

蒸民 眾民。

有物有則 有事物就有法則。

秉夷 執持常道。夷作「彝」，常也。

懿德 美德。

7

孟子曰：「富歲子弟多賴，凶歲子弟多暴。非天之降才爾殊也，其所以陷溺其心者然也。

「今夫麰麥，播種而耰之，其地同，樹之時又同，浡然而生，至於日至之時，皆熟矣；雖有不同，則地有肥磽，雨露之養、人事之不齊也。故凡同類者，舉相似也；何獨至於人而疑之？聖人與我同類者。故龍子曰：『不知足而為屨，我知其不為蕢也！』屨之相似，天下之足同也。

「口之於味，有同耆也，易牙先得我口之所耆者也；如使口之於味也，其性與人殊，若

富歲 豐年。
賴 懶惰懈怠。
凶歲 荒年。
爾 如此。
陷溺 陷沒沉溺。
麰麥 大麥。
耰 覆種。指農田播種後，又以土覆之。
浡然 蓬勃的樣子。
日至 夏至。
肥磽 土地肥沃或瘠薄。
舉 皆。
龍子 人名。古代賢人。
蕢 草筐。
耆 通「嗜」。
易牙 春秋時最善烹調的人。

犬馬之與我不同類也，則天下何耆皆從易牙之於味也？至於味，天下期於易牙，是天下之口相似也。惟耳亦然，至於聲，天下期於師曠，是天下之耳相似也。惟目亦然。至於子都，天下莫不知其姣也；不知子都之姣者，無目者也。故曰：口之於味也，有同耆焉；耳之於聲也，有同聽焉；目之於色也，有同美焉。至於心，獨無所同然乎？心之所同然者何也？謂理也，義也。聖人先得我心之所同然耳。故理義之悅我心，猶芻豢之悅我口。」

師曠 人名。字子野，春秋時晉國樂師。生卒年不詳。以善辨音律著名。

子都 古時對美男子的通稱。

姣 美好、美貌。

芻豢 芻，吃草的牲口。豢，食穀的牲口。芻豢指牛、羊、犬、豬等。

8

孟子曰：「牛山之木嘗美矣，以其郊於大國也，斧斤伐之，可以為美乎？是其日夜之所息，雨露之所潤，非無萌蘗之生焉；牛羊又從而牧之，是以若彼濯濯也。人見其濯濯也，以為未嘗有材焉，此豈山之性也哉？

「雖存乎人者，豈無仁義之心哉？其所以放其良心者，亦猶斧斤之於木也，旦旦而伐之，可以為美乎？其日夜之所息，平旦之氣，其好惡與人相近也者幾希；則其旦晝之所為，有梏亡之矣。梏之反覆，則其夜氣不足以存；夜氣不足以存，則其違禽獸不遠矣。人見其禽獸也，而以為未嘗有才焉者，

牛山 山名。

息 生長。

萌蘗 萌，芽。蘗，芽之旁出者。萌蘗即新芽。引申為微小的事物。

濯濯 形容山上沒有草木。

放 放失。

良心 本然之善心。

平旦之氣 指天明之時，未與物接之時的清明之氣。

梏亡 為利欲所蒙蔽而喪失本性。

是豈人之情也哉？

「故苟得其養，無物不長；苟失其養，無物不消。孔子曰：『操則存，舍則亡；出入無時，莫知其鄉。』惟心之謂與！」

操 把持。

鄉 通「嚮」。

9 孟子曰：「無或乎王之不智也，雖有天下易生之物也，一日暴之，十日寒之，未有能生者也。吾見亦罕矣，吾退而寒之者至矣。吾如有萌焉何哉？今夫弈之為數，小數也；不專心致志，則不得也。弈秋，通國之善弈者也。使弈秋誨二人弈，其一人專心致志，惟弈秋之為聽；一人雖聽之，一心以為有鴻鵠將至，思援弓繳而射之，雖與之俱學，弗若之矣。為是其智弗若與？曰：非然也。」

無或乎王 或，通「惑」，疑而怪之。王，疑指齊宣王。

暴 通「曝」。

吾見亦罕矣 指與大王見面的機會太少。

弈 圍棋。

數 技。

弈秋 魯國一位名叫秋的善弈者。

繳 以繩繫矢而射。

10

孟子曰：「魚，我所欲也；熊掌，亦我所欲也；二者不可得兼，舍魚而取熊掌者也。生，亦我所欲也；義，亦我所欲也；二者不可得兼，舍生而取義者也。生亦我所欲，所欲有甚於生者，故不為苟得也。死亦我所惡，所惡有甚於死者，故患有所不辟也。如使人之所欲莫甚於生，則凡可以得生者，何不用也？使人之所惡莫甚於死者，則凡可以辟患者，何不為也？由是則生，而有不用也；由是則可以辟患，而有不為也。是故，所欲有甚於生者，所惡有甚於死者；非獨賢者有是心也，人皆有之，賢者能勿喪耳。

熊掌 熊的足掌，脂多味美，是極珍貴的食品。

苟得 不當得而得。

辟 通「避」。

「一簞食，一豆羹，得之則生，弗得則死；嘑爾而與之，行道之人弗受；蹴爾而與之，乞人不屑也。萬鍾則不辨禮義而受之，萬鍾於我何加焉？為宮室之美，妻妾之奉，所識窮乏者得我與？鄉為身死而不受，今為宮室之美為之；鄉為身死而不受，今為妻妾之奉為之；鄉為身死而不受，今為所識窮乏者得我而為之；是亦不可以已乎？此之謂失其本心。」

簞 盛飯的圓形竹器。

豆羹 豆，盛食物的器皿，形似高腳盤。羹，菜湯。

嘑爾 呼喝、呵叱的樣子。嘑同「呼」。

行道之人 路人。

蹴爾 踐踏。

萬鍾 指優厚的俸祿。鍾，古量器名，受六斛四斗。

鄉 通「曏」。以前。

已 止。

本心 羞惡之心。

11

孟子曰：「仁，人心也；義，人路也；舍其路而弗由，放其心而不知求，哀哉！人有雞犬放，則知求之；有放心，而不知求！學問之道無他，求其放心而已矣。」

放 亡失。

求其放心 把丟失的良心找回來。

12 孟子曰：「今有無名之指，屈而不信，非疾痛害事也；如有能信之者，則不遠秦、楚之路，為指之不若人也。指不若人，則知惡之；心不若人，則不知惡；此之謂不知類也。」

無名之指 手之第四指。

信 通「伸」。

不知類 不知輕重之等。

13

孟子曰：「拱把之桐梓，人苟欲生之，皆知所以養之者；至於身，而不知所以養之者；豈愛身不若桐梓哉？弗思甚也！」

拱把 拱，兩手合圍。把，一手所握。拱把表示物體不粗。

桐梓 桐木與梓木，皆良材。

14

孟子曰：「人之於身也，兼所愛；兼所愛，則兼所養也；無尺寸之膚不愛焉，則無尺寸之膚不養也。所以考其善不善者，豈有他哉？於己取之而已矣！體有貴賤，有小大；無以小害大，無以賤害貴。養其小者為小人，養其大者為大人。今有場師，舍其梧檟，養其樲棘，則為賤場師焉。養其一指，而失其肩背而不知也，則為狼疾人也。飲食之人，則人賤之矣；為其養小以失大也。飲食之人，無有失也，則口腹豈適為尺寸之膚哉？」

體有貴賤有小大 賤而小者，口腹也；貴而大者，心志也。

大人 君子。

場師 園藝師。

梧檟 梧桐與山楸，皆良木，故以並稱比喻良材。

樲棘 樲，酸棗。棘，荊棘。二者皆非美材。

狼疾 同「狼藉」，散亂、錯雜的樣子。這裡是昏瞶糊塗的意思。

15

公都子問曰：「鈞是人也，或為大人，或為小人，何也？」

孟子曰：「從其大體為大人，從其小體為小人。」

曰：「鈞是人也，或從其大體，或從其小體，何也？」

曰：「耳目之官不思，而蔽於物；物交物，則引之而已矣。心之官則思，思則得之，不思則不得也。此天之所與我者，先立乎其大者，則其小者不能奪也。此為大人而已矣。」

鈞 通「均」。
大體 心。
小體 耳目之類。

16 孟子曰：「有天爵者，有人爵者。仁義忠信、樂善不倦，此天爵也；公卿大夫，此人爵也。古之人修其天爵，而人爵從之。今之人修其天爵，以要人爵；既得人爵，而棄其天爵，則惑之甚者也，終亦必亡而已矣。」

天爵 指仁義忠信等。

人爵 指爵位。

要 求。

17

孟子曰：「欲貴者，人之同心也；人人有貴於己者，弗思耳。人之所貴者，非良貴也。趙孟之所貴，趙孟能賤之。《詩》云：『既醉以酒，既飽以德。』言飽乎仁義也，所以不願人之膏粱之味也。令聞廣譽施於身，所以不願人之文繡也。」

貴於己者 指天爵。

趙孟 趙盾，字孟。春秋時晉國正卿，掌握晉國的實權。

《詩》 出自《詩經・大雅・既醉》，是周代祭祖時祭辭中的兩句。

不願 不羨慕。

膏粱 膏，肉之肥者。粱，食之精者。

令聞廣譽 美名。

文繡 錦繡的衣服或織品。

18

孟子曰：「仁之勝不仁也，猶水勝火。今之為仁者，猶以一杯水救一車薪之火也；不熄，則謂之水不勝火。此又與於不仁之甚者也，亦終必亡而已矣！」

與 助。

終必亡 終必無仁。

19
孟子曰：「五穀者，種之美者也；苟為不熟，不如荑稗。夫仁，亦在乎熟之而已矣。」

20
孟子曰：「羿之教人射，必志於彀；學者亦必志於彀。大匠誨人，必以規矩；學者亦必以規矩。」

荑稗 荑、稗為二草名，似禾，比穀小，亦可食。
熟之 使之成熟。

羿 古之善射者。
志於彀 要求他達到拉滿弓的標準。彀，拉滿弓，準備射箭。
大匠 技藝高明的工匠。
規矩 畫圓畫方的工具。

告子 下

1 任人有問屋廬子曰：「禮與食孰重？」曰：「禮重。」

「色與禮孰重？」曰：「禮重。」

曰：「以禮食，則飢而死；不以禮食，則得食；必以禮乎？親迎，則不得妻；不親迎，則得妻；必親迎乎？」

屋廬子不能對，明日之鄒，以告孟子。

孟子曰：「於答是也，何有！不揣其本，而齊其末，方寸之木，可使高於岑樓。金重於羽者，豈謂一鉤金與一輿羽之謂哉？取食之重者，與禮之輕者而比之，奚翅食重？取色之重者，與禮之輕者而比之，奚翅色重？往

任 春秋時國名。
屋廬子 孟子的學生。
親迎 新郎親迎新娘。此指按禮制娶親。
之鄒 到鄒國去。
於 如。
何有 何難之有。
揣 度量。
岑樓 尖頂高樓。
一鉤金 一衣帶鉤那樣一點點金。
一輿羽 一整車羽毛。
奚翅 奚，何也。翅，通「啻」，止也。

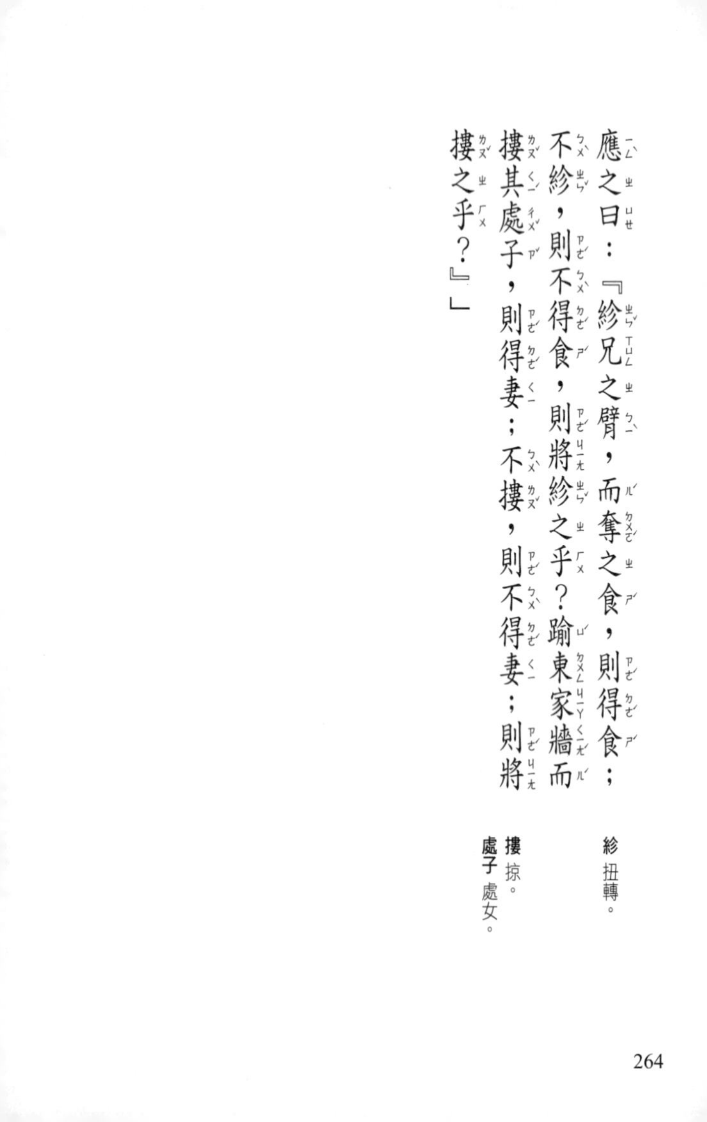

應之曰：『紾兄之臂，而奪之食，則得食；不紾，則不得食，則將紾之乎？踰東家牆而摟其處子，則得妻；不摟，則不得妻；則將摟之乎？』」

紾 扭轉。

摟 掠。

處子 處女。

2

曹交問曰：「人皆可以為堯舜，有諸？」

孟子曰：「然。」

「交聞文王十尺，湯九尺；今交九尺四寸以長，食粟而已，如何則可？」

曰：「奚有於是？亦為之而已矣。有人於此，力不能勝一匹雛，則為無力人矣；今曰舉百鈞，則為有力人矣。然則舉烏獲之任，是亦為烏獲而已矣。夫人豈以不勝為患哉？弗為耳。徐行後長者，謂之弟；疾行先長者，謂之不弟。夫徐行者，豈人所不能哉？所不為也。堯舜之道，孝弟而已矣。子服堯之服，誦堯之言，行堯之行，是堯而已矣。

曹交 曹君之弟，名交。

食粟而已 只會吃飯。

奚有於是 「於是奚有」的倒裝句。這裡指跟身高有什麼關係。

一匹雛 一隻小雞。

百鈞 鈞，古重量單位，一鈞為三十斤。

烏獲 古代傳說中的大力士。

弟 通「悌」。

先 搶在前頭。

子服桀之服，誦桀之言，行桀之行，是桀而已矣。」

曰：「交得見於鄒君，可以假館，願留而受業於門。」

曰：「夫道若大路然，豈難知哉？人病不求耳。子歸而求之，有餘師。」

假館 借館舍居住。

留而受業 指曹交要讓孟子留下來，當孟子的弟子。

有餘師 有不少老師。

3 公孫丑問曰：「高子曰：『〈小弁〉，小人之詩也。』」

孟子曰：「何以言之？」曰：「怨。」

曰：「固哉，高叟之為《詩》也！有人於此，越人關弓而射之，則己談笑而道之；無他，疏之也。其兄關弓而射之，則己垂涕泣而道之；無他，戚之也。〈小弁〉之怨，親親也；親親，仁也。固矣夫，高叟之為《詩》也！」

曰：「〈凱風〉何以不怨？」

曰：「〈凱風〉，親之過小者也；〈小弁〉，親之過大者也。親之過大而不怨，是愈疏也；親之過小而怨，是不可磯也。愈疏，不

高子 齊人。應年長於孟子。

〈小弁〉 《詩經・小雅》篇名。《毛詩序》認為是諷刺周幽王的，作者是幽王太子宜臼之傅。

怨 怨親之過。

固 執滯不通。

關弓 彎弓。

戚 親也。

凱風 《詩經・邶風》篇名。通篇都是責己慰母之詞。

磯 激也。

孝也；不可磯，亦不孝也。孔子曰：『舜其至孝矣，五十而慕。』」

慕 怨慕。

4

宋牼將之楚，孟子遇於石丘，曰：「先生將何之？」

曰：「吾聞秦楚構兵，我將見楚王，說而罷之；楚王不悅，我將見秦王，說而罷之。二王我將有所遇焉。」

曰：「軻也，請無問其詳，願聞其指。說之將何如？」曰：「我將言其不利也。」

曰：「先生之志則大矣；先生之號則不可。先生以利說秦楚之王，秦楚之王悅於利，以罷三軍之師，是三軍之士樂罷而悅於利也。為人臣者，懷利以事其君；為人子者，懷利以事其父；為人弟者，懷利以事其兄；是君

宋牼 人名。
石丘 地名。

構兵 交戰。

遇 契合。

指 同「旨」。意向。

號 所用以號召之名。

懷 內心之所思念。

臣、父子、兄弟，終去仁義，懷利以相接；然而不亡者，未之有也！先生以仁義說秦楚之王，秦楚之王悅於仁義，而罷三軍之師，是三軍之士樂罷而悅於仁義也。為人臣者，懷仁義以事其君；為人子者，懷仁義以事其父；為人弟者，懷仁義以事其兄；是君臣、父子，兄弟，去利，懷仁義以相接也；然而不王者，未之有也！何必曰利？」

去 棄也。

王 成就王業。

5

孟子居鄒，季任為任處守，以幣交，受之而不報。處於平陸，儲子為相，以幣交，受之而不報。他日，由鄒之任，見季子；由平陸之齊，不見儲子。屋廬子喜曰：「連得間矣！」問曰：「夫子之任，見季子；之齊，不見儲子，為其為相與？」

曰：「非也。《書》曰：『享多儀，儀不及物曰不享；惟不役志於享。』為其不成享也。」

屋廬子悅。或問之，屋廬子曰：「季子不得之鄒，儲子得之平陸。」

季任 任君之弟。
處守 留守。古時國君離開京城，命大臣留守其地。
以幣交 派人送幣帛來結交孟子。
不報 沒有答謝。
儲子 齊相。
連得間矣 我抓到孟子的把柄了。連，屋廬子名。間，間隙。
《書》 《周書・洛誥》篇。
享多儀 獻享以禮儀為重。
不及 不足。
惟 因為。
不成享 不成獻享之禮。
悅 悅服。

6 淳于髡曰：「先名實者，為人也；後名實者，自為也。夫子在三卿之中，名實未加於上下而去之，仁者固如此乎？」

孟子曰：「居下位，不以賢事不肖者，伯夷也。五就湯，五就桀者，伊尹也。不惡汙君、不辭小官者，柳下惠也。三子者不同道，其趨一也。一者何也？曰：仁也。君子亦仁而已矣，何必同！」

曰：「魯繆公之時，公儀子為政，子柳、子思為臣，魯之削也滋甚。若是乎，賢者之無益於國也！」

曰：「虞不用百里奚而亡，秦穆公用之而

淳于髡 戰國時齊人，滑稽善辯，常為齊出使各諸侯國，未嘗辱命，齊威王以為諸侯主客。

先名實 以名譽事業為重。

三卿 司徒、司馬、司空。

未加於上下 上未能正其君，下未能濟其民。

公儀子 魯國賢相。

削 土地被侵奪。

霸。不用賢則亡；削，何可得與！」

曰：「昔者王豹處於淇，而河西善謳；緜駒處於高唐，而齊右善歌；華周、杞梁之妻，善哭其夫，而變國俗。有諸內，必形諸外；為其事而無其功者，髡未嘗覩之也。是故無賢者也，有則髡必識之。」

曰：「孔子為魯司寇，不用；從而祭，燔肉不至。不稅冕而行。不知者，以為為肉也；其知者，以為為無禮也。乃孔子則欲以微罪行，不欲為苟去。君子之所為，眾人固不識也。」

王豹 是中國古代「十二音神」之一，有「龍吟王豹」美譽，在音神中排序第四，是春秋時代民間歌手。

淇 淇河。

河西 河指黃河。

謳 沒有樂器伴奏的清唱。

緜駒 春秋時齊國歌手，死後葬於高唐故里。在民歌及音樂上的造詣極高，後世奉為十二音神之一。

齊右 齊西部。

歌 有樂器伴奏。

華周 齊國大夫。

杞梁 與華周皆大夫，為莊公作事。曾伐衛國、晉國，在伐莒戰爭時被俘而死。

不用 不受重用。

燔肉 祭肉。

稅冕 脱下與祭時所戴的禮冠。稅通「脱」。

7 孟子曰：「五霸者，三王之罪人也；今之諸侯，五霸之罪人也；今之大夫，今之諸侯之罪人也。天子適諸侯曰巡狩，諸侯朝於天子曰述職。春省耕而補不足，秋省斂而助不給。入其疆，土地辟，田野治，養老尊賢，俊傑在位，則有慶；慶以地。入其疆，土地荒蕪，遺老失賢，掊克在位，則有讓。一不朝，則貶其爵；再不朝，則削其地；三不朝，則六師移之。是故，天子討而不伐，諸侯伐而不討。五霸者，摟諸侯以伐諸侯者也；故曰：五霸者，三王之罪人也。五霸，桓公為盛。葵丘之會，諸侯束牲載書而不歃

五霸 指春秋時代先後稱霸的五位諸侯：齊桓公、晉文公、秦穆公、宋襄公、楚莊公。

三王 三代王者：夏禹、商湯、周文武。

適 往。

省耕 省察百姓之耕種。

省斂 省察百姓之收成。

辟 通「闢」。

慶 賞。

掊克 指搜刮民財的人。

讓 責罰。

六師 本指周天子所統六軍之師，古以一萬二千五百人為軍。後以指稱天子軍隊。

討而不伐 聲討而不攻伐。

摟 挾持。

葵丘之會 葵丘，地名。會，盟會，古代諸侯間聚會而結盟。盟會時要用牛作祭品，或殺，或不殺。

血。初命曰：『誅不孝，無易樹子，無以妾為妻。』再命曰：『尊賢育才，以彰有德。』三命曰：『敬老慈幼，無忘賓旅。』四命曰：『士無世官，官事無攝，取士必得，無專殺大夫。』五命曰：『無曲防，無遏糴，無有封而不告。』曰：『凡我同盟之人，既盟之後，言歸于好。』今之諸侯，皆犯此五禁；故曰：今之諸侯，五霸之罪人也。長君之惡，其罪小；逢君之惡，其罪大。今之大夫，皆逢君之惡；故曰：今之大夫，今之諸侯之罪人也。」

束牲載書 束其牲而不殺，繫盟書於牲上。

歃血 古代盟誓時，用牲血塗在嘴邊，表示守信不悔。不歃血，則表示相信與盟的人不敢背約。

無易樹子 不更換已立的長子。

官事無攝 公事不得兼代。

專殺 隨便殺戮。

曲防 堤壩。

無遏糴 鄰國有災，不得禁止其收購糧食。

長君之惡 助長君王專橫。

逢君之惡 迎合在上者之意旨。

8 魯欲使慎子為將軍。孟子曰：「不教民而用之，謂之殃民；殃民者，不容於堯、舜之世。一戰勝齊，遂有南陽，然且不可。」慎子勃然不悅曰：「此則滑釐所不識也！」曰：「吾明告子：天子之地方千里，不千里不足以待諸侯；諸侯之地方百里，不百里不足以守宗廟之典籍。周公之封於魯，為方百里也；地非不足，而儉於百里。太公之封於齊也，亦為方百里也；地非不足也，而儉於百里。今魯方百里者五，子以為有王者作，則魯在所損乎？在所益乎？徒取諸彼以與此，然且仁者不為，況於殺人以求之乎？君

慎子 魯臣，名滑釐，善於用兵。

南陽 齊國地名。

待諸侯 待其朝覲聘問之禮。

太公 姜尚。

損 減。

徒 不殺人而取之。

子之事君也，務引其君以當道，志於仁而已。」

引 誘導。
當道 合於事理。

9

孟子曰：「今之事君者，皆曰：『我能為君辟土地、充府庫。』今之所謂良臣，古之所謂民賊也。君不鄉道，不志於仁，而求富之，是富桀也！『我能為君約與國，戰必克。』今之所謂良臣，古之所謂民賊也。君不鄉道，不志於仁，而求為之強戰，是輔桀也！由今之道，無變今之俗，雖與之天下，不能一朝居也。」

辟 通「闢」，開闢。

鄉 通「嚮」，嚮往。

約與國 開拓疆土。

強 奮力為之。

俗 人心風氣。

不能一朝居 一天也不能維持。

10 白圭曰：「吾欲二十而取一，何如？」

孟子曰：「子之道，貉道也。萬室之國，一人陶，則可乎？」

曰：「不可，器不足用也。」

曰：「夫貉，五穀不生，惟黍生之；無城郭宮室宗廟祭祀之禮，無諸侯幣帛饔飧，無百官有司，故二十取一而足也。今居中國，去人倫，無君子，如之何其可也？陶以寡，且不可以為國，況無君子乎？欲輕之於堯、舜之道者，大貉、小貉也；欲重之於堯、舜之道者，大桀、小桀也。」

白圭 人名。名丹，字圭。戰國魏文侯時人，生卒年不詳。善於修築堤防，興修水利，主張減輕田稅，嘗為魏惠王所用。

貉 古代中國稱北方的一支外族為「貉」。

陶 燒窯。

饔飧 饔，早餐。飧，晚餐。饔飧指熟食。

有司 官員。職有專司，故稱為「有司」。

11

白圭曰：「丹之治水也，愈於禹。」

孟子曰：「子過矣！禹之治水，水之道也。是故禹以四海為壑。今吾子以鄰國為壑。水逆行，謂之洚水。洚水者，洪水也，仁人之所惡也。吾子過矣！」

愈 勝。

水之道 「道水」的倒裝句，順著水性疏導。

壑 坑洞。

洚水 即洪水。謂大水逆行，不遵其道也。

12

孟子曰：「君子不亮，惡乎執？」

亮 通「諒」，信也。

執 堅守原則。

13

魯欲使樂正子為政。孟子曰：「吾聞之，喜而不寐。」

公孫丑曰：「樂正子強乎？」曰：「否。」

「有知慮乎？」曰：「否。」

「多聞識乎？」曰：「否。」

「然則奚為喜而不寐？」曰：「其為人也好善。」

「好善足乎？」曰：「好善優於天下，而況魯國乎？夫苟好善，則四海之內，皆將輕千里而來告之以善；夫苟不好善，則人將曰訑訑，『予既已知之矣』！訑訑之聲音顏色，距人於千里之外。士止於千里之外，則讒諂

樂正子 魯人，名克，孟子弟子。

強 堅強。

知慮 智謀思慮。

聞識 見識。

優 指治天下尚有餘力。

訑訑 傲慢自信，不聽人言的樣子。

面諛之人至矣。與讒諂面諛之人居，國欲治，可得乎？」

讒諂面諛 崇惡飾言，當面巴結。

14

陳子曰：「古之君子，何如則仕？」

孟子曰：「所就三，所去三。迎之致敬以有禮，言將行其言也，則就之；禮貌未衰，言弗行也，則去之。其次，雖未行其言也，迎之致敬以有禮，則就之；禮貌衰，則去之。其下，朝不食，夕不食，飢餓不能出門戶，君聞之，曰：『吾大者不能行其道，又不能從其言也，使飢餓於我土地，吾恥之。』周之，亦可受也；免死而已矣！」

陳子 陳臻，孟子弟子。

就 就任。

去 辭職。

禮貌衰 禮貌減退。

周 周濟。通「賙」。

15 孟子曰：「舜發於畎畝之中，傅說舉於版築之間，膠鬲舉於魚鹽之中，管夷吾舉於士，孫叔敖舉於海，百里奚舉於市。故天將降大任於是人也，必先苦其心志，勞其筋骨，餓其體膚，空乏其身，行拂亂其所為；所以動心忍性，曾益其所不能。人恆過，然後能改；困於心，衡於慮，而後作；徵於色，發於聲，而後喻。入則無法家拂士，出則無敵國外患者，國恆亡。然後知生於憂患，而死於安樂也。」

舜發於畎畝之中 舜曾耕於歷山。畎，田間水溝。

傅說 殷武丁時人，曾為刑徒，在傅險築牆，後被武丁發現，舉用為相。

版築 在兩塊牆版中，填入泥土夯實。

膠鬲 殷紂王時人，曾販賣魚、鹽為生，周文王把他舉薦給紂，後輔佐周武王。

管夷吾 即管仲。舉於士，指從**士**獄官。舉於士，指從獄官手裡被釋放並舉用。

孫叔敖 春秋楚人。彼曾三得相而不喜，三去相而不悔，史稱循吏。

百里奚 春秋時虞人，曾被楚人捉去放牛，秦穆公知其名，把他贖買到秦，舉以為相。

徵於色 察看人家臉色。

喻 了解。

入 在國內。

法家拂士 世代為官，謹守法度的臣子和輔助君王的賢士。

出 國外。

16 孟子曰：「教亦多術矣！予不屑之教誨也者，是亦教誨之而已矣。」

多術 很多方法。

不屑 不以其人為潔而拒絕之。

盡心 上

1 孟子曰：「盡其心者，知其性也。知其性，則知天矣。存其心，養其性，所以事天也。殀壽不貳，修身以俟之，所以立命也。」

2 孟子曰：「莫非命也，順受其正。是故，知命者不立乎巖牆之下。盡其道而死者，正命也；桎梏死者，非正命也。」

盡心 極盡其心意。

性 本性，孟子以仁義禮智為人性所固有。

天 天道，天理。

殀壽不貳 不因命之長短而貳其心。

立命 定立命限的意義。

莫非命也 人之禍福吉凶，無一不是命中所定。

巖牆 危牆。

桎梏 腳鐐手銬。為古代的刑具，在足曰桎，在手曰梏，主要用來拘繫犯人。

3 孟子曰：「求則得之，舍則失之，是求有益於得也，求在我者也。求之有道，得之有命，是求無益於得也，求在外者也。」

4 孟子曰：「萬物皆備於我矣。反身而誠，樂莫大焉。強恕而行，求仁莫近焉。」

在我者 指吾心固有的仁義禮智。
道 正當的方法。
在外者 指富貴利達。

萬物 一切人倫事理。
反身而誠 反省諸身而能真實無妄。
強恕而行 勉力推行恕道。恕，推己及人。

5 孟子曰：「行之而不著焉，習矣而不察焉，終身由之而不知其道者，眾也。」

6 孟子曰：「人不可以無恥；無恥之恥，無恥矣。」

不著 不明白。

由之 照著做。

無恥 沒有羞恥之心。

無恥之恥 「之」等同於「是」。無恥是恥，以無恥為恥。

無恥矣 無恥辱也。

7 孟子曰：「恥之於人大矣。為機變之巧者，無所用恥焉。不恥不若人，何若人有？」

8 孟子曰：「古之賢王好善而忘勢；古之賢士，何獨不然？樂其道而忘人之勢。故王公不致敬盡禮，則不得亟見之；見且由不得亟，而況得而臣之乎？」

無所用恥 用不到羞恥心。

不恥不若人 不以不如人為恥。

忘勢 忘記自己的權勢。

不得亟見之 不能常見到。之，指賢明的士人。亟，數。

9

孟子謂宋句踐曰：「子好遊乎？吾語子遊。人知之亦囂囂，人不知亦囂囂。」

曰：「何如斯可以囂囂矣？」

曰：「尊德樂義，則可以囂囂矣。故士窮不失義，達不離道。窮不失義，故士得己焉；達不離道，故民不失望焉。古之人，得志，澤加於民；不得志，修身見於世。窮則獨善其身，達則兼善天下。」

宋句踐 人名。

遊 指遊說諸侯。

囂囂 從容自樂的樣子。

窮 失意。

達 得志，通達。

見 通「現」。

獨善其身 獨自修養己身。

兼善天下 使天下人同歸於善。

10 孟子曰：「待文王而後興者，凡民也；若夫豪傑之士，雖無文王猶興。」

興 感動奮發。

凡民 一般的平民。

11 孟子曰：「附之以韓、魏之家，如其自視欿然，則過人遠矣。」

12 孟子曰：「以佚道使民，雖勞不怨；以生道殺民，雖死不怨殺者。」

附 加上。

韓魏之家 指春秋時晉國的韓氏、魏氏兩家大臣。後亦以「韓魏」稱富貴之家。

欿 空虛。自視欿然，把自己的道德看得貧乏不足。

過人 超過一般人。

佚道 逸道，使百姓安樂之道。

生道 使民生存之道。

13

孟子曰：「霸者之民，驩虞如也。王者之民，皞皞如也。殺之而不怨，利之而不庸，民日遷善而不知為之者。夫君子，所過者化，所存者神，上下與天地同流，豈曰小補之哉？」

驩虞 歡樂。通「歡娛」。
皞皞 廣大自得的樣子。
庸 功績。
所過者化 身所經歷之處，無人不化。
所存者神 內心所存留的思想信念，神妙處難以言喻。
小補 微不足道的補益。

14

孟子曰：「仁言，不如仁聲之入人深也；善政，不如善教之得民也。善政，民畏之；善教，民愛之。善政，得民財；善教，得民心。」

仁言 政教法度之言。
仁聲 仁厚的聲譽。

15 孟子曰：「人之所不學而能者，其良能也；所不慮而知者，其良知也。孩提之童，無不知愛其親者；及其長也，無不知敬其兄也。親親，仁也；敬長，義也。無他，達之天下也。」

良能 不學而能，性所自能。

達 通達。

16

孟子曰：「舜之居深山之中，與木石居，與鹿豕遊，其所以異於深山之野人者幾希；及其聞一善言，見一善行，若決江河，沛然莫之能禦也。」

居深山 指舜耕歷山時。

鹿豕 麋鹿豬豕。

野人 指文化低落之人。

沛然 水流盛大的樣子。

17 孟子曰：「無為其所不為，無欲其所不欲，如此而已矣。」

18 孟子曰：「人之有德慧術知者，恆存乎疢疾。獨孤臣孽子，其操心也危，其慮患也深，故達。」

為 做。

欲 要。

如此而已矣 做人的道理，就是這樣罷了。

德慧術知 德行、智慧、道術、才智。

疢疾 災患。

孤臣孽子 遠臣、庶子，皆不得於君親。

操心 用心。

危 指心懷戒懼。

達 達於事理。

19

孟子曰：「有事君人者，事是君則為容悅者也；有安社稷臣者，以安社稷為悅者也；有天民者，達可行於天下而後行之者也；有大人者，正己而物正者也。」

容悅 曲意逢迎，以取悅於上。

天民 指賢者。

大人 德行高尚的人。

20

孟子曰：「君子有三樂，而王天下不與存焉。父母俱存，兄弟無故，一樂也；仰不愧於天，俯不怍於人，二樂也；得天下英才而教育之，三樂也。君子有三樂，而王天下不與存焉。」

不與存 不在其中。

無故 沒有爭執不和等事故。

怍 慚愧。

不與存 不包括在內。

21

孟子曰：「廣土眾民，君子欲之，所樂不存焉。中天下而立，定四海之民；君子樂之，所性不存焉。君子所性，雖大行不加焉，雖窮居不損焉，分定故也。君子所性，仁義禮智根於心；其生色也，睟然見於面，盎於背，施於四體，四體不言而喻。」

廣土眾民 廣大的土地，眾多的人民。

所樂不存焉 所樂者不在於此。

中天下而立 王天下。

大行 行政於天下。

損 減。

分 受之於天的本分。

睟然 潤澤的樣子。

盎 盈溢。

施 延。

四體不言而喻 四肢不待自己發號施令，而所為無不中乎禮義。

22

孟子曰：「伯夷辟紂，居北海之濱，聞文王作興，曰：『盍歸乎來，吾聞西伯善養老者。』太公辟紂，居東海之濱，聞文王作興，曰：『盍歸乎來，吾聞西伯善養老者。』天下有善養老，則仁人以為己歸矣。五畝之宅，樹牆下以桑，匹婦蠶之，則老者足以衣帛矣。五母雞，二母彘，無失其時，老者足以無失肉矣。百畝之田，匹夫耕之，八口之家足以無飢矣。所謂西伯善養老者，制其田里，教之樹畜；導其妻子，使養其老。五十非帛不煖，七十非肉不飽；不煖不飽，謂之凍餒。文王之民，無凍餒之老者，此之謂也。」

盍歸乎來 何不去歸服他呢？來，語氣助詞，用於句末，表疑問和感嘆。

西伯 西方諸侯之長。

己歸 己之所歸。

彘 豬。

樹畜 種桑畜牧。

煖 同「暖」。

凍餒 受凍挨餓。

23 孟子曰：「易其田疇，薄其稅斂，民可使富也。食之以時，用之以禮，財不可勝用也。民非水火不生活，昏暮叩人之門戶，求水火，無弗與者，至足矣。聖人治天下，使有菽粟如水火。菽粟如水火，而民焉有不仁者乎！」

易 治。

田疇 田地。

稅斂 稅收。

時 四時。

菽粟如水火 指糧食像水火一樣多。

菽 豆類的總稱。

24

孟子曰：「孔子登東山而小魯，登泰山而小天下。故觀於海者難為水，遊於聖人之門者難為言。觀水有術，必觀其瀾；日月有明，容光必照焉。流水之為物也，不盈科不行；君子之志於道也，不成章不達。」

東山 魯城東之山。

觀於海者難為水 見過大海的人，就覺得任何的河流都難以和大海相比。

瀾 水中大波也。

容光必照 日月於容光之處無不照。

科 坎。

不成章不達 章，一段音樂演奏完叫一章。引申為事物達到一定階段，具備一定規模。

25 孟子曰：「雞鳴而起，孳孳為善者，舜之徒也；雞鳴而起，孳孳為利者，蹠之徒也。欲知舜與蹠之分，無他，利與善之間也。」

孳孳 勤勉的樣子。

蹠 春秋時大盜，又名柳下蹠，相傳是賢臣柳下惠的弟弟。

26

孟子曰：「楊子取為我，拔一毛而利天下，不為也。墨子兼愛，摩頂放踵利天下，為之。子莫執中，執中為近之；執中無權，猶執一也。所惡執一者，為其賊道也，舉一而廢百也。」

取為我 僅為我而已，不及為人也。

兼愛 無差別的愛。

摩頂放踵 從頭頂到腳跟都受損傷。比喻捨身救世，不辭勞苦。

子莫 魯國賢人。

執中無權 膠於一定之中而不知變。權，稱錘，此為權衡輕重的意思。

賊 害。

執一 執守一偏。

27 孟子曰：「飢者甘食，渴者甘飲；是未得飲食之正也，飢渴害之也。豈惟口腹有飢渴之害，人心亦皆有害。人能無以飢渴之害為心害，則不及人不為憂矣。」

甘食 以食為甘。

不及人不為憂 不以不及人為憂。

28 孟子曰：「柳下惠不以三公易其介。」

三公 周代以太師、太傅、太保為三公。

易 改變。

介 操守。

29 孟子曰：「有為者，辟若掘井，掘井九軔而不及泉，猶為棄井也。」

30 孟子曰：「堯舜，性之也；湯武，身之也；五霸，假之也。久假而不歸，惡知其非有也？」

辟 通「譬」。
軔 古代計算長度的單位。八尺為一軔。通「仞」。

性之 指堯舜行仁義乃出自本性。
身之 身體力行之。
假之 假借仁義。
惡知其非有也 五霸若能久假仁義，又怎知這仁義不是他們原有的呢？

31 公孫丑曰：「伊尹曰：『予不狎于不順。』放太甲於桐，民大悅。太甲賢，又反之，民大悅。賢者之為人臣也，其君不賢，則固可放與？」

孟子曰：「有伊尹之志則可，無伊尹之志則篡也。」

狎 習見。
不順 指太甲所為不順義理。
放 放逐。
篡 奪取。

32

公孫丑曰：「《詩》曰：『不素餐兮。』君子之不耕而食，何也？」

孟子曰：「君子居是國也，其君用之，則安富尊榮；其子弟從之，則孝弟忠信。『不素餐兮』，孰大於是？」

《詩》 此指《詩・魏風・伐檀》篇。

素餐 無功勞而空享俸祿。

33

王子墊問曰：「士何事？」孟子曰：「尚志。」

曰：「何謂尚志？」曰：「仁義而已矣。殺一無罪，非仁也；非其有而取之，非義也。居惡在？仁是也。路惡在？義是也。居仁由義，大人之事備矣。」

王子墊　齊國的王子，名墊。

尚志　使自己心志高尚。志，心之所之也。

大人之事　大人，此兼指公卿大夫和有德之士。大人之事，兼內聖外王。

34

孟子曰：「仲子，不義與之齊國而弗受，人皆信之。是舍簞食豆羹之義也。人莫大焉亡親戚君臣上下。以其小者，信其大者，奚可哉？」

仲子 戰國時齊人。其兄為齊卿，食祿萬鍾，陳仲子以為不義而適楚，楚王聞其賢，欲以重金聘為相，拒而逃之，與妻子居於陵，安貧樂道，自稱於陵仲子。

焉 於。

35

桃應問曰：「舜為天子，皋陶為士；瞽瞍殺人，則如之何？」孟子曰：「執之而已矣。」「然則舜不禁與？」曰：「夫舜惡得而禁之？夫有所受之也。」「然則舜如之何？」曰：「舜視棄天下猶棄敝蹝也。竊負而逃，遵海濱而處，終身訢然，樂而忘天下。」

桃應 孟子弟子。

皋陶為士 士，獄官。舜時皋陶為獄官之長。

有所受之 指皋陶之法，有所傳受，非所敢私，雖天子亦不得廢之。

敝蹝 破草鞋。蹝同「屣」。

遵 循。

訢然 同「欣然」。

36

孟子自范之齊，望見齊王之子。喟然歎曰：「居移氣，養移體；大哉居乎！夫非盡人之子與？」

孟子曰：「王子宮室、車馬、衣服多與人同，而王子若彼者，其居使之然也；況居天下之廣居者乎？魯君之宋，呼於垤澤之門。守者曰：『此非吾君也，何其聲之似我君也？』此無他，居相似也。」

范 齊邑。

居移氣 環境可改變氣度。

養移體 奉養足以改變身體。

廣居 寬大的住所。儒家用以喻仁。

呼 怒吼。

垤澤 宋國城門之名。

37 孟子曰：「食而弗愛，豕交之也；愛而不敬，獸畜之也。恭敬者，幣之未將者也；恭敬而無實，君子不可虛拘。」

食 給東西吃。

豕交之也 把他當做豬來看待。

幣之未將 在幣帛之類的禮物未奉上前。

虛拘 以虛假的禮儀籠絡人。

38 孟子曰：「形色，天性也；惟聖人然後可以踐形。」

形色 形體容貌。

踐形 體現天賦的品質。

39

齊宣王欲短喪。公孫丑曰：「為朞之喪，猶愈於已乎？」孟子曰：「是猶或紾其兄之臂，子謂之姑徐徐云爾。亦教之孝弟而已矣。」王子有其母死者，其傅為之請數月之喪。公孫丑曰：「若此者何如也？」曰：「是欲終之而不可得也，雖加一日愈於已。謂夫莫之禁而弗為者也。」

短喪 縮短服喪期限。
朞 一年。
猶愈於已 猶勝於止。
紾 扭、擰。
姑徐徐云爾 且緩緩扭之。云爾，語尾助詞。
王子 齊王之庶子。
雖加一日愈於已 加多一天也比沒有的好

40

孟子曰：「君子之所以教者五：有如時雨化之者，有成德者，有達財者，有答問者，有私淑艾者。此五者，君子之所以教也。」

時雨 應時的雨水。

成德 使其德行有所成就。

達財 因其材而教之，使通達有用。財通「材」。

答問 就所提問而解答。

私淑艾 是自己仰慕而私下自學的。

41

公孫丑曰：「道則高矣，美矣，宜若登天然，似不可及也；何不使彼為可幾及，而日孳孳也？」

孟子曰：「大匠不為拙工改廢繩墨，羿不為拙射變其彀率。君子引而不發，躍如也。中道而立，能者從之。」

幾及 達到。

孳孳 勤勉。

大匠不為拙工改廢繩墨 高明的工匠不因拙劣的工匠而改變必要的規矩。

羿 人名。相傳為古代善射之人，是夏朝時有窮國的國君，不修民事，後為寒浞所殺。亦稱為「后羿」。

彀率 張弓的限度。

引 引弓。

躍如 如踴躍而出。

42

孟子曰：「天下有道，以道殉身；天下無道，以身殉道；未聞以道殉乎人者也。」

有道 王道得行。

殉 同「徇」，從也。

殉乎人 以正道從俗人。

43

公都子曰：「滕更之在門也，若在所禮；而不答，何也？」孟子曰：「挾貴而問，挾賢而問，挾長而問，挾有勳勞而問，挾故而問，皆所不答也。滕更有二焉。」

滕更 滕文公弟，學於孟子。

在門 在門下為弟子。

若在所禮 似亦在所禮待之列。

挾貴 自恃尊貴。

故 舊交。

滕更有二 指滕更有自恃尊貴、自恃賢能兩項。

44 孟子曰：「於不可已而已者，無所不已；於所厚者薄，無所不薄也。其進銳者，其退速。」

45 孟子曰：「君子之於物也，愛之而弗仁；於民也，仁之而弗親。親親而仁民，仁民而愛物。」

不可已 不可中止。

退速 進銳者用心太過，其勢易衰，故退速。

物 指禽獸草木。

弗親 不得與同親。

親親而仁民 孟子以父子兄弟為親，其他的關係則劃為民。對親當親是謂親親，對民當仁是謂仁民。

46

孟子曰：「知者無不知也，當務之為急；仁者無不愛也，急親賢之為務。堯舜之知而不徧物，急先務也；堯舜之仁不徧愛人，急親賢也。不能三年之喪，而緦、小功之察；放飯流歠，而問無齒決；是之謂不知務。」

知 同「智」。

徧物 遍知百工之事。

緦 緦麻，三月的孝服。

小功 五月的喪服，用稍熟粗布為之。

放飯流歠 大口吃飯大口喝湯。

齒決 用牙齒咬斷乾。

不知務 不知輕重緩急。

盡心 下

1 孟子曰：「不仁哉，梁惠王也！仁者以其所愛，及其所不愛；不仁者以其所不愛，及其所愛。」

公孫丑曰：「何謂也？」

「梁惠王以土地之故，糜爛其民而戰之，大敗；將復之，恐不能勝，故驅其所愛子弟以殉之，是之謂以其所不愛，及其所愛也。」

梁惠王 姓畢名瑩，即戰國魏惠王。魏武侯子，繼位為侯。遷都大梁，僭稱梁王。曾卑禮厚幣，以招賢者。孟子說以仁義之道，但未受重用。諡號惠。

子弟 指太子申。

2 孟子曰：「春秋無義戰；彼善於此，則有之矣。征者，上伐下也；敵國不相征也。」

義戰 正義的戰爭。

彼善於此 一方比另一方好些。

上伐下 指天子討伐有罪的諸侯。

3 孟子曰：「盡信書，則不如無書。吾於〈武成〉，取二三策而已矣。仁人無敵於天下；以至仁伐至不仁，而何其血之流杵也！」

〈武成〉 周書篇名，記載武王伐紂的事。

取二三策 取其二三竹簡之言，餘不盡信。

至仁 極仁道的人，指武王。

至不仁 極不仁道的人。此處指殷紂王。

血之流杵 血流漂杵。

4 孟子曰：「有人曰：『我善為陳，我善為戰。』大罪也。國君好仁，天下無敵焉。南面而征，北狄怨；東面而征，西夷怨；曰：『奚為後我？』武王之伐殷也，革車三百兩，虎賁三千人，王曰：『無畏！寧爾也，非敵百姓也。』若崩厥角稽首。征之為言正也，各欲正己也，焉用戰？」

為陳 布陣。陳同「陣」。軍伍行列也。

奚為後我 為什麼後解救我們呢？

革車三百兩 革車，古時的重戰車，兩同「輛」。

虎賁 勇士。

王 指武王。

非敵百姓 非與百姓為敵。

若崩厥角稽首 人民感激叩頭，如角之崩也。角，額角。

正己 民為暴君所虐，皆欲仁者來正己之國。

5 孟子曰：「梓匠輪輿，能與人規矩，不能使人巧。」

6 孟子曰：「舜之飯糗茹草也，若將終身焉。及其為天子也，被袗衣，鼓琴，二女果，若固有之。」

梓匠 製造木器、房屋的木工。
輪輿 製造車輪、馬車的車工。

飯糗茹草 形容所吃的東西極為粗陋。比喻貧賤。飯、茹，食也。糗，乾糧。草，指粗糙的食物。
被袗衣 被，穿。袗衣，錦繡之衣。
果 通「婐」，服侍。
若固有之 言其行所無事，不改常態。

7 孟子曰：「吾今而後知殺人親之重也：殺人之父，人亦殺其父；殺人之兄，人亦殺其兄。然則非自殺之也，一間耳！」

一間 比喻相去不遠、極近。

8 孟子曰：「古之為關也，將以禦暴；今之為關也，將以為暴。」

關 關隘。
禦暴 防禦盜賊或敵君。
為暴 施行暴虐。

9
孟子曰：「身不行道，不行於妻子；使人不以道，不能行於妻子。」

10
孟子曰：「周於利者，凶年不能殺；周於德者，邪世不能亂。」

不行於妻子 自身不能行道，就算是妻子也不能奉命。

使人不以道 即「不以道使人」。

周於利 周，足也，言積之厚則有餘。利，積蓄。

凶年不能殺 言雖至荒年，不致餓死。

邪世不能亂 雖處邪世，亦不能惑亂其志向。邪世，無道的年代。

11 孟子曰：「好名之人，能讓千乘之國；苟非其人，簞食豆羹見於色。」

12 孟子曰：「不信仁賢，則國空虛；無禮義，則上下亂。無政事，則財用不足。」

好名之人 愛好名譽，追求虛名。

其人 使其得名之人。

簞食豆羹 一簞飯食，一豆羹湯。謂少量飲食。簞豆見色比喻計較小利。

見 通「現」。

國空虛 指留不住仁人賢士，國家就顯得空虛了。

上下亂 上下不辨，是以亂也。

無政事 無善政以教民農時。

13

孟子曰：「不仁而得國者，有之矣；不仁而得天下者，未之有也。」

14

孟子曰：「民為貴，社稷次之，君為輕。是故，得乎丘民而為天子，得乎天子為諸侯，得乎諸侯為大夫。諸侯危社稷，則變置。犧牲既成，粢盛既潔，祭祀以時；然而旱乾水溢，則變置社稷。」

國 指諸侯國。

天下 指四海之內。

社稷 土地之神和五穀之神。古時君主祭祀社稷，後用社稷代表國家。

丘民 泛指百姓。

變置 變換舊君，安置新君。

犧牲 供祭祀之牲畜，牛羊豕之屬也。

粢盛 供祭祀之黍稷也。黍稷曰粢，在器曰盛。

15 孟子曰：「聖人，百世之師也；伯夷、柳下惠是也。故聞伯夷之風者，頑夫廉，懦夫有立志；聞柳下惠之風者，薄夫敦，鄙夫寬。奮乎百世之上，百世之下，聞者莫不興起也。非聖人而能若是乎？而況於親炙之者乎！」

聖人 品德高尚、智慧高超的人。

百世之師 品德學問可以做為百代的表率。

薄夫 刻薄的人。

興起 感動奮起。

親炙 直接受到傳授、教導。

16 孟子曰：「仁也者，人也。合而言之，道也。」

仁 人之所以為人之理也。

道 人能行仁就是所謂道。

17 孟子曰：「孔子之去魯，曰：『遲遲吾行也！』去父母國之道也。去齊，接淅而行。去他國之道也。」

去 離開。
遲遲 徐行。
父母國 祖國。
接淅而行 淘米未及燒飯就攜離而去。形容時間急迫，匆忙離去。淅，漬米，已淘漬的米。

18 孟子曰：「君子之戹於陳、蔡之間，無上下之交也。」

君子 指孔子。
戹 困也。
無上下之交 和君臣都沒有往來。

19 貉稽曰：「稽大不理於口。」

孟子曰：「無傷也。士憎茲多口。《詩》云：『憂心悄悄，慍于群小。』孔子也。『肆不殄厥慍，亦不隕厥問。』文王也。」

20 孟子曰：「賢者以其昭昭，使人昭昭；今以其昏昏，使人昭昭。」

貉稽 人名。

大不理於口 很不得眾人稱道。

無傷 沒有關係。

士憎茲多口 士人更易為人所訕。

憂心悄悄 憂慮不安的樣子。

群小 眾小人。

肆不殄厥慍，亦不隕厥問 雖不能消除他們的仇恨，也不能損害自己的聲譽。肆，發語詞，無義。隕，墜也。

昭昭 明也。此指明白道理。

昏昏 暗也。此指不明道理。

21

孟子謂高子曰：「山徑之蹊間，介然用之而成路；為間不用，則茅塞之矣。今茅塞子之心矣。」

高子 齊人，曾是孟子學生。
山徑之蹊 很窄的山間小路。
介然 本指意志專一，這裡是經常不斷的意思。
為間 少頃。

22
高子曰：「禹之聲，尚文王之聲。」孟子曰：「何以言之？」曰：「以追蠡。」曰：「是奚足哉！城門之軌，兩馬之力與？」

禹之聲 禹之樂。

尚 超越。

追蠡 鐘紐要斷的樣子。追，鐘紐。蠡，蟲子蛀食木頭。此指禹在文王前千餘年，故鐘久而紐絕。

城門之軌，兩馬之力與 城門邊的馬車軌跡比一般車道上的軌跡還要深，難道是因為一車兩馬之力所輾成的嗎？那只是時日一久，車子進出得多的緣故。軌，車行的痕跡。

23

齊饑，陳臻曰：「國人皆以夫子將復為發棠，殆不可復？」

孟子曰：「是為馮婦也。晉人有馮婦者，善搏虎；卒為善，士則之。野有眾逐虎，虎負嵎，莫之敢攖。望見馮婦，趨而迎之。馮婦攘臂下車。眾皆悅之；其為士者笑之。」

發棠 發棠邑之倉，賑濟貧民。棠，齊國地名。

殆 恐怕。

馮婦 古男子名，善搏虎。

負嵎 依恃險要的地勢。

攖 觸犯。

攘臂 捋起袖子，露出胳膊表示振奮。

24

孟子曰：「口之於味也，目之於色也，耳之於聲也，鼻之於臭也，四肢之於安佚也，性也，有命焉；君子不謂性也。仁之於父子也，義之於君臣也，禮之於賓主也，智之於賢者也，聖人之於天道也，命也，有性焉；君子不謂命也。」

安佚 安樂舒適。佚通「逸」。

性也，有命焉 指口鼻耳目等喜好是人之天性，能否得到滿足卻是命中注定。

君子不謂命也 指聖人視仁義禮智為天性，不是命定，需要不斷努力追求。

25

浩生不害問曰：「樂正子，何人也？」孟子曰：「善人也，信人也。」「何謂善？何謂信？」曰：「可欲之謂善，有諸己之謂信，充實之謂美，充實而有光輝之謂大，大而化之之謂聖，聖而不可知之之謂神。樂正子，二之中，四之下也。」

浩生不害 姓浩生，名不害，齊國人。

可欲 指人人都覺得他可愛，就叫做善。

樂正子，二之中，四之下也 樂正子在善和信之間，在美大聖神之下。

26

孟子曰：「逃墨必歸於楊，逃楊必歸於儒。歸，斯受之而已矣。今之與楊、墨辯者，如追放豚，既入其苙，又從而招之。」

逃墨必歸於楊 離棄墨子學說的，一定會歸服楊朱。

受之而已矣 好好接受他就行了。

追放豚 追逐跳出豬圈的豬。

苙 畜養牲畜的圈欄。

招 羈絆。

27 孟子曰：「有布縷之征，粟米之征，力役之征。君子用其一，緩其二。用其二而民有殍，用其三而父子離。」

28 孟子曰：「諸侯之寶三：土地，人民，政事。寶珠玉者，殃必及身。」

布縷之征 征收布帛的稅。一種以實物形式繳納的稅收。

粟米之征 糧賦。

力役之征 徵用民力從事勞役。

緩 緩用。

殍 餓死的人。

父子離 骨肉離散。

寶珠玉者 以珠玉為寶者。

殃 禍患。

29

盆成括仕於齊。孟子曰：「死矣盆成括！」盆成括見殺，門人問曰：「夫子何以知其將見殺？」曰：「其為人也小有才，未聞君子之大道也，則足以殺其軀而已矣！」

盆成括 姓盆成，名括。

見殺 被殺。

足以殺其軀 足以招致殺身之禍。

30

孟子之滕，館於上宮。有業屨於牖上，館人求之弗得。或問之曰：「若是乎，從者之廋也？」曰：「子以是為竊屨來與？」曰：「殆非也。」「夫子之設科也，往者不追，來者不拒；苟以是心至，斯受之而已矣。」

館於上宮 孟子在滕客居的時候，曾經在上宮地方開館辦學。

業屨 編織尚未完成的屨。

牖 房屋側面助明的窗。

從者之廋也 被來館學習的學生先取走收藏。

殆非也 大概不是。

設科 設教授之心。

是心 求道的心。

31

孟子曰：「人皆有所不忍，達之於其所忍，仁也；人皆有所不為，達之於其所為，義也。人能充無欲害人之心，而仁不可勝用也。人能充無穿窬之心，而義不可勝用也。人能充無受爾汝之實，無所往而不為義也。士未可以言而言，是以言餂之也；可以言而不言，是以不言餂之也，是皆穿窬之類也。」

充 滿。

穿窬 穿壁越牆為偷竊。窬，孔穴。

爾汝 古代尊長對卑幼者的稱呼。受爾汝之實，即受輕賤之實。

餂 探取、套騙。

32

孟子曰：「言近而指遠者，善言也；守約而施博者，善道也。君子之言也，不下帶而道存焉；君子之守，修其身而天下平。人病舍其田而芸人之田；所求於人者重，而所以自任者輕。」

言近而指遠 所言淺近而意旨深遠。指通「恉」。

約 簡約。

博 大。

善道 善行。

不下帶 帶，腰帶。古人視不下帶，即只視帶之上。此處比喻注意眼前常見之事。

病 患。

芸 通「耘」。

所求於人者重 對別人的責求很重。

33

孟子曰：「堯舜，性者也；湯武，反之也。動容周旋中禮者，盛德之至也。哭死而哀，非為生者也。經德不回，非以干祿也。言語必信，非以正行也。君子行法以俟命而已矣。」

性 本性。

反之 藉修身行道，使仁義回復於本性。

動容周旋 動作儀容，來往應對。

中禮 合乎禮節。

哭死而哀 傷悼死者，哀出至情。

經德不回 謹守常道而不違。

干 求。

非以正行 不是為了表示自己品德端正。

行法 依據法度行事。

俟命 等待天命。

34

孟子曰：「說大人，則藐之，勿視其巍巍然。堂高數仞，榱題數尺，我得志弗為也；食前方丈，侍妾數百人，我得志弗為也；般樂飲酒，驅騁田獵，後車千乘，我得志弗為也。在彼者，皆我所不為也；在我者，皆古之制也；吾何畏彼哉？」

大人 此指政治地位尊貴的人。

藐之 指看輕其外在地位。

巍巍然 富貴高顯。

仞 八尺為仞。

榱題 屋椽凸出於屋簷的部分。

食前方丈 饌食羅列，廣及方丈。形容飲食豐盛。

般樂 大規模地作樂。般，大。

古之制 古時的規制。指合理的規範。

35 孟子曰：「養心莫善於寡欲。其為人也寡欲，雖有不存焉者，寡矣；其為人也多欲，雖有存焉者，寡矣。」

欲 指口鼻耳目四肢之欲。

不存 指善性有所放失。

36

曾皙嗜羊棗，而曾子不忍食羊棗。公孫丑問曰：「膾炙與羊棗孰美？」孟子曰：「膾炙哉！」公孫丑曰：「然則曾子何為食膾炙而不食羊棗？」曰：「膾炙，所同也；羊棗，所獨也。諱名不諱姓，姓所同也，名所獨也。」

羊棗 君遷子的果實，實小而圓紫黑。

不忍食 曾子在父親死後，食必思親，故不忍食也。

膾炙 細切肉。炙，烤肉。

諱 隱而不敢宣之。因人尊神，故為諱名；君父之名，亦不敢斥言。

37

萬章問曰：「孔子在陳曰：『盍歸乎來！吾黨之士狂簡，進取不忘其初。』孔子在陳，何思魯之狂士？」

孟子曰：「孔子不得中道而與之，必也狂獧乎！狂者進取，獧者有所不為也。孔子豈不欲中道哉？不可必得，故思其次也。」

「敢問何如斯可謂狂矣？」曰：「如琴張、曾晳、牧皮者，孔子之所謂狂矣。」

「何以謂之狂也？」曰：「其志嘐嘐然，曰：『古之人！古之人！』夷考其行，而不掩焉者也。狂者又不可得；欲得不屑不潔之士而與之，是獧也，是又其次也。孔子曰：『過

孔子在陳曰 見《論語·公冶長》。

狂簡 志向遠大而行事粗略。

琴張 人名，不詳。

牧皮 人名，不詳。

嘐嘐 形容言語誇張、言行不一致。

夷 發語詞。

我門而不入我室，我不憾焉者，其惟鄉原乎！鄉原，德之賊也。』」

曰：「何如斯可謂之鄉原矣？」曰：「『何以是嘐嘐也？言不顧行，行不顧言，則曰：「古之人！古之人！」行何為踽踽涼涼？生斯世也，為斯世也，善斯可矣。』閹然媚於世也者，是鄉原也。」

萬章曰：「一鄉皆稱原人焉，無所往而不為原人；孔子以為德之賊，何哉？」

曰：「非之無舉也，刺之無刺也；同乎流俗，合乎汙世；居之似忠信，行之似廉潔；眾皆悅之，自以為是，而不可與入堯舜之

鄉原 也作「鄉愿」。鄉原指外貌忠誠謹慎，實際上欺世盜名的人。

踽踽 獨行不進的樣子。

涼涼 淡薄，冷漠。

閹然 指像宦官那樣巴結逢迎的樣子。

原人 謹厚之人。

非之無舉 欲非之則無可舉者。

刺之無刺 責其咎而無可責者。

道，故曰德之賊也。孔子曰：『惡似而非者：惡莠，恐其亂苗也；惡佞，恐其亂義也；惡利口，恐其亂信也；惡鄭聲，恐其亂樂也；惡紫，恐其亂朱也；惡鄉原，恐其亂德也。』君子反經而已矣。經正，則庶民興；庶民興，斯無邪慝矣。」

莠 似苗之草。

反經 返回正常之道。

邪慝 邪惡之行。慝，惡。

38

孟子曰：「由堯、舜至於湯，五百有餘歲，若禹、皋陶則見而知之，若湯則聞而知之。由湯至於文王，五百有餘歲，若伊尹、萊朱則見而知之，若文王則聞而知之。由文王至於孔子，五百有餘歲，若太公望、散宜生則見而知之，若孔子則聞而知之。由孔子而來至於今，百有餘歲，去聖人之世若此其未遠也，近聖人之居若此其甚也，然而無有乎爾！則亦無有乎爾！」

萊朱 湯的賢臣。

散宜生 文王賢臣。

然而無有乎爾，則亦無有乎爾 前半句「然而無有乎爾」指沒有「見而知之」者。後半句「則亦無有乎爾」指五百餘歲之後更不會有「聞而知之」者了。此是孟子對沒有人繼承孔子聖人學說的憂慮。

大學

《大學》本為《禮記》中之一篇，不分章節，而朱熹〈大學章句〉乃據程子之意，將此篇分為經一章、傳十章。其言曰：「經一章，蓋孔子之言，而曾子述之；其傳十章，則曾子之意，而門人記之。舊本頗有錯簡，今因程子所定，而更考經文，別為序次。」

【經一章　大學之道】

大學之道：在明明德，在親民，在止於至善。知止而后有定，定而后能靜，靜而后能安，安而后能慮，慮而后能得。物有本末，事有終始，知所先後，則近道矣。古之欲明明德於天下者，先治其國；欲治其國者，先齊其家；欲齊其家者，先脩其身；欲脩其身者，先正其心；欲正其心者，先誠其意；欲誠其意者，先致其知；致知在格物。物格而後知至，知至而後意誠，意誠而後心正，心正而後身脩，身脩而家齊，家齊而後國治，國治而後天下平。

大學 依朱熹之意，大學者，大人之學也，乃古代大學教育學者成為大人之重要經典。

明德 天賦靈明的德性。

親 當作「新」解釋。

后 與「後」同。

止 所當止之地，即至善之所在，必至於是而不遷。

定 志有定向。

靜 心不妄動。

安 安於所處之境。

慮 處事精詳。

得 即得其所止。

格物、**致知**、**誠意**、**正心**、**脩身**、**齊家**、**治國**、**平天下** 此八者乃大學之條目。

自天子以至於庶人，壹是皆以脩身為本。其本亂而末治者否矣；其所厚者薄，而其所薄者厚，未之有也。

壹是 一切。

「其所厚者薄」三句 言所當厚之身尚不能修，而能澤及國家天下者，是不會有的事。

【傳十章】

一◆釋明明德

〈康誥〉曰：「克明德。」〈大甲〉曰：「顧諟天之明命。」〈帝典〉曰：「克明峻德。」皆自明也。

〈康誥〉、〈大甲〉 均為《尚書》篇名。
諟 此。
天之明命 天所賦予的德性。
〈帝典〉 即堯典，尚書篇名。
克 能。
明 彰明。
峻 高、大。

二◆釋新民

湯之盤銘曰：「苟日新，日日新，又日新。」〈康誥〉曰：「作新民。」《詩》曰：「周雖舊邦，其命維新。」是故君子無所不用其極。

湯 商代開國君王成湯。

盤銘 古人刻在盥洗盤上的文字，常用以自警。

作 使他人振作興起。

周雖舊邦其命維新 出自《詩經・大雅・文王》篇之句。

極 竭力。

三◆釋止于至善

《詩》云：「邦畿千里，惟民所止。」《詩》云：「緡蠻黃鳥，止于丘隅。」子曰：「於止，知其所止，可以人而不如鳥乎？」《詩》云：「穆穆文王，於緝熙敬止。」為人君，止於仁；為人臣，止於敬；為人子，止於孝；為人父，止於慈；與國人交，止於信。

《詩》云：「瞻彼淇澳，菉竹猗猗！有斐君子，如切如磋，如琢如磨；瑟兮僩兮，赫兮喧兮；有斐君子，終不可諠兮。」如切如磋者，道學也；如琢如磨者，自修也；瑟兮僩

邦畿千里惟民所止 此句出自《詩經．商頌．玄鳥》篇。邦畿，王者之都。止，居也。

緡蠻黃鳥，止于丘隅 出自《詩經．小雅．緡蠻》篇。緡蠻，鳥聲。丘隅，山丘草木茂密處。

穆穆文王，於緝熙敬止 出自《詩經．大雅．文王》篇。於，歎美辭，音烏。緝，繼續。熙，光明。敬止，言其無不敬而安所止也。

「瞻彼淇澳」九句 出自《詩經．衛風．淇澳》篇。淇，水名。澳，隈也。猗猗，美盛貌。切以刀鋸，琢以椎鑿，皆

兮者，恂慄也；赫兮喧兮者，威儀也；有斐君子，終不可諠兮者，道盛德至善，民之不能忘也。《詩》云：「於戲！前王不忘。」君子賢其賢而親其親，小人樂其樂而利其利，此以沒世不忘也。

裁物使成形質也。磋以鑢鍚，磨以沙石，皆治物使其滑澤也。瑟，嚴密之貌。僩，武毅之貌。赫喧，盛大之貌。諠，忘記。

於戲前王不忘 出自《詩經・周頌・烈文》篇。於戲，歎辭，音嗚呼。前王，指文王、武王。

小人 指後世之民。

四◆釋本末

子曰：「聽訟，吾猶人也；必也使無訟乎！」無情者不得盡其辭，大畏民志；此謂知本。

「聽訟」二句 聽訟斷案，吾不異於人也。

情 實情。

大畏民志 使人民的心志，為君子的明德所感召而大大畏服。

五◆釋格物致知

此謂知本。此謂知之至也。

（所謂致知在格物者，言欲致吾之知，在即物而窮其理也。蓋人心之靈，莫不有知，而天下之物，莫不有理；惟於理有未窮，故其知有不盡也。是以大學始教，必使學者即凡天下之物，莫不因其已知之理而益窮之，以求至乎其極。至於用力之久，而一旦豁然貫通焉，則眾物之表裡精粗無不到，而吾心之全體大用無不明矣。此謂物格，此謂知之至也。）

此章僅兩句，程子謂衍文也。「所謂致知在格物者」以下，乃朱熹所補之文。

六◆釋誠意

所謂誠其意者，毋自欺也。如惡惡臭，如好好色，此之謂自謙。故君子必慎其獨也。小人閒居為不善，無所不至；見君子，而后厭然揜其不善而著其善。人之視己，如見其肺肝然，則何益矣？此謂誠於中，形於外。故君子必慎其獨也。

曾子曰：「十目所視，十手所指，其嚴乎！」富潤屋，德潤身，心廣體胖。故君子必誠其意。

自謙 自足。

慎其獨 人所不知而己所獨知之時，亦戒慎恐懼，不敢苟且。

閒居 獨處。指平時。

厭然 閉藏的樣子。

揜 掩飾。

其嚴乎 這是多麼可畏啊！

心廣體胖 內心坦然，身體自然安泰。

七◆釋正心脩身

所謂脩身在正其心者，身有所忿懥，則不得其正；有所恐懼，則不得其正；有所好樂，則不得其正；有所憂患，則不得其正。心不在焉，視而不見；聽而不聞；食而不知其味。此謂脩身在正其心。

忿懥 怒也。

不得其正 不能平正。

好樂 喜好。

八◆釋脩身齊家

所謂齊其家在脩其身者，人之其所親愛而辟焉，之其所賤惡而辟焉，之其所畏敬而辟焉，之其所哀矜而辟焉，之其所敖惰而辟焉。故好而知其惡、惡而知其美者，天下鮮矣。故諺有之曰：「人莫知其子之惡，莫知其苗之碩。」此謂身不脩，不可以齊其家。

人 指眾人。

辟 猶偏也。

敖惰 敖慢懈怠。敖，通「傲」。

諺 前賢的嘉言。

九◆釋齊家治國

所謂治國必先齊其家者，其家不可教，而能教人者，無之。故君子不出家，而成教於國。孝者，所以事君也；弟者，所以事長也；慈者，所以使眾也。〈康誥〉曰：「如保赤子。」心誠求之，雖不中，不遠矣。未有學養子而后嫁者也。

一家仁，一國興仁；一家讓，一國興讓；一人貪戾，一國作亂。其機如此，此謂一言僨事、一人定國。堯舜帥天下以仁，而民從之；桀紂帥天下以暴，而民從之。其所令反其所

赤子 嬰兒。

一人 指一國之君。

機 古代弩上用以發箭的裝置。引申為事物的關鍵。

僨事 敗事。言事不成也。

好，而民不從。是故君子有諸己，而后求諸人。無諸己，而後非諸人。所藏乎身不恕，而能喻諸人者，未之有也。故治國在齊其家。

《詩》云：「桃之夭夭，其葉蓁蓁，之子于歸，宜其家人。」宜其家人，而后可以教國人。《詩》云：「宜兄宜弟。」宜兄宜弟，而后可以教國人。《詩》云：「其儀不忒，正是四國。」其為父子兄弟足法，而後民法之也。此謂治國在齊其家。

喻 曉也。

「桃之夭夭」四句 出自《詩經・周南・桃夭》篇。夭夭，少好貌。蓁蓁，美盛貌，興也。之子，猶言是子，此指女子之嫁者而言也。婦人謂嫁曰歸。宜，猶善也。

宜兄宜弟 出自《詩經・小雅・蓼蕭》篇。

其儀不忒，正是四國 出自《詩經・曹風・鳲鳩》篇，指自己行為並無差錯，足以匡正四方之國。忒，差也。

十◆釋治國平天下

所謂平天下在治其國者，上老老而民興孝；上長長而民興弟；上恤孤而民不倍。是以君子有絜矩之道也。所惡於上，毋以使下；所惡於下，毋以事上；所惡於前，毋以先後；所惡於後，毋以從前；所惡於右，毋以交於左；所惡於左，毋以交於右；此之謂絜矩之道。《詩》云：「樂只君子，民之父母。」民之所好好之，民之所惡惡之，此之謂民之父母。《詩》云：「節彼南山，維石巖巖；赫赫師尹，民具爾瞻。」有國者不可以不慎，

不倍　不背棄

絜矩　絜，度量。矩，畫方形的用具。儒家以絜矩象徵道德上的規範。

「樂只君子」二句　見《詩經．小雅．南山有臺》篇。只，語助詞。

「節彼南山」四句　見《詩經．小雅．節南山》篇。節，高大的樣子。師尹，周太師尹吉甫。具，俱也。

辟則為天下僇矣！

《詩》云：「殷之未喪師，克配上帝；儀監于殷，峻命不易。」道得眾則得國，失眾則失國。是故君子先慎乎德：有德此有人，有人此有土，有土此有財，有財此有用。德者，本也；財者，末也。外本內末，爭民施奪。是故財聚則民散，財散則民聚。是故言悖而出者，亦悖而入；貨悖而入者，亦悖而出。〈康誥〉：「惟命不于常。」道善則得之，不善則失之矣。楚書曰：「楚國無以為寶，惟善以為寶。」舅犯曰：「亡人無以為寶，仁親以為寶。」

辟 偏頗。

僇 殺戮。

「殷之未喪師」四句 見《詩經．大雅．文王》篇。師，眾也。喪師，指失去民心。儀，宜的假借字。監，通「鑑」。

道 說明

楚書 楚國的古書。

舅犯 晉文公重耳的舅舅狐偃，字子犯。

〈秦誓〉曰：「若有一个臣，斷斷兮，無他技；其心休休焉，其如有容焉。人之有技，若己有之，人之彥聖，其心好之；不啻若自其口出，實能容之，以能保我子孫黎民，尚亦有利哉。人之有技，媢嫉以惡之；人之彥聖，而違之俾不通；實不能容，以不能保我子孫黎民，亦曰殆哉！」唯仁人放流之，迸諸四夷，不與同中國。此謂唯仁人為能愛人，能惡人。見賢而不能舉，舉而不能先，命也；見不善而不能退，退而不能遠，過也。好人之所惡，惡人之所好，是謂拂人之性，菑必逮夫身。是故君子有大道，必忠信

亡人 指晉文公。文公時為公子，曾遭驪姬之亂，出亡在外。

「若有一个臣」二十句 出自《尚書．秦誓》。一个臣，今本《尚書》作「一介臣」。斷斷，專誠守一。休休，寬容有雅量。彥聖，善美明達。媢嫉，妒嫉。俾，使。

迸 逐。

拂人之性 違逆人的本性。

菑 通「災」。

逮 及。

君子 此指在上位的人。

大道 指居其位而修己治人之術。

以得之，驕泰以失之。

生財有大道：生之者眾，食之者寡；為之者疾，用之者舒；則財恆足矣。仁者以財發身，不仁者以身發財。未有上好仁，而下不好義者也；未有好義，其事不終者也；未有府庫財，非其財者也。

孟獻子曰：「畜馬乘，不察於雞豚；伐冰之家，不畜牛羊；百乘之家，不畜聚斂之臣；與其有聚斂之臣，寧有盜臣。」此謂國不以利為利，以義為利也。長國家而務財用者，必自小人矣；彼為善之。小人之使為國家，菑害並至，雖有善者，亦無如之何矣。此謂

驕泰 驕者矜高，泰者侈肆。

以財發身 指仁德君主散財使人民富足，發揚己身的德譽。

孟獻子 魯國賢大夫仲孫蔑。

畜馬乘 家裡能自備車駕的官員，指士之初試為大夫者。乘，一車四馬。

伐冰之家 卿大夫以上，喪祭用冰者。伐，鑿。

百乘之家 指有封邑的卿、大夫。

聚斂之臣 善於搜括之臣。

盜臣 指盜取公家財貨之臣。

善者 賢能的人。

國好以利為利，以義為利也。

中庸

子程子曰：「『不偏之謂中，不易之謂庸。中者，天下之正道；庸者，天下之定理。』此篇乃孔門傳授心法，子思恐其久而差也，故筆之於書，以授孟子。其書始言一理，中散為萬事，末復合為一理。放之則彌六合，卷之則退藏於密。其味無窮，皆實學也。善讀者玩索而有得焉，則終身用之有不能盡者矣。」

1 天命之謂性，率性之謂道，脩道之謂教。道也者，不可須臾離也；可離，非道也。是故，君子戒慎乎其所不睹，恐懼乎其所不聞。莫見乎隱，莫顯乎微，故君子慎其獨也。

喜怒哀樂之未發，謂之中；發而皆中節，謂之和。中也者，天下之大本也；和也者，天下之達道也。致中和，天地位焉，萬物育焉。

天命之謂性 天命，天所賦予者。性，本質。

率性 遵循本性。

脩道 脩同「修」，治也。

須臾 片刻。

見 通「現」。

中節 合乎節度。

致 推而極之。

位 各安其所。

育 生長。

2
仲尼曰：「君子中庸，小人反中庸。君子之中庸也，君子而時中；小人之反中庸也，小人而無忌憚也。」

仲尼 孔子，名丘，字仲尼。
中庸 中和。庸，常。
時中 隨時處於中和境地。
忌憚 畏懼。

3

子曰：「中庸其至矣乎！民鮮能久矣。」

子 指孔子。

至 至善至美。

鮮 少。

4

子曰：「道之不行也，我知之矣；知者過之，愚者不及也。道之不明也，我知之矣：賢者過之，不肖者不及也。人莫不飲食也，鮮能知味也。」

道 指中庸之道。

知者 即智者，與愚者相對，指智慧超群的人。

不肖者 與賢者相對，指不賢的人。

5 子曰：「道其不行矣夫！」

道 指中庸之道

其 大概。

行 踐行。

夫 句末助詞，表示感歎之意。

6

子曰：「舜其大知也與！舜好問而好察邇言，隱惡而揚善；執其兩端，用其中於民；其斯以為舜乎。」

舜 堯帝的女婿，因建國於虞，故稱為虞舜或有虞氏。

邇言 淺近的話。

兩端 指過與不及。

斯 這。

7 子曰：「人皆曰『予知』，驅而納諸罟、擭、陷阱之中，而莫之知辟也。人皆曰『予知』，擇乎中庸而不能期月守也。」

予 我。
納諸 收之於。
罟擭 罟，捕獸的網。擭，裝有機關的捕獸木籠。
辟 通「避」。
期月 一整個月。

8 子曰：「回之為人也，擇乎中庸，得一善，則拳拳服膺而弗失之矣。」

回 孔子的學生顏回。

拳拳服膺 牢牢地放在心上。拳拳，牢握不捨的樣子。服，放置。膺，胸口。

9 子曰：「天下國家可均也，爵祿可辭也，白刃可蹈也，中庸不可能也。」

均 平治。
爵祿 官爵奉祿。

10 子路問「強」。子曰：「南方之強與？北方之強與？抑而強與？寬柔以教，不報無道，南方之強也，君子居之；衽金革，死而不厭，北方之強也，而強者居之。故君子和而不流，強哉矯！中立而不倚，強哉矯！國有道，不變塞焉，強哉矯！國無道，至死不變，強哉矯！」

子路 名仲由，孔子的學生。

而 汝也。

報 報復。

衽金革 睡在刀劍盔甲上。金，指鐵製的兵器。革，指皮革製成的甲盾。

死而不厭 死而後已的意思。

強者 有勇力的人。

和而不流 性情平和又不隨波逐流。

強哉矯 多麼堅強啊！矯，堅強的樣子。

不變塞 不改變志向。

11

子曰：「素隱行怪，後世有述焉，吾弗為之矣。君子遵道而行，半途而廢，吾弗能已矣。君子依乎中庸，遯世不見知而不悔，唯聖者能之。」

素隱行怪 深求隱僻之理，而行為詭異。據《漢書》，素應為「索」。隱，隱僻。怪，怪異。

述 稱道。

見知 被知。

12

君子之道，費而隱。夫婦之愚，可以與知焉；及其至也，雖聖人亦有所不知焉。夫婦之不肖，可以能行焉；及其至也，雖聖人亦有所不能焉。天地之大也，人猶有所憾。故君子語大，天下莫能載焉；語小，天下莫能破焉。《詩》云：「鳶飛戾天，魚躍於淵。」言其上下察也。君子之道，造端乎夫婦；及其至也，察乎天地。

費而隱 用廣而體微。

夫婦 匹夫匹婦，指普通男女。

與 參與。

破 分開。

鳶飛戾天，魚躍于淵 見《詩經・大雅・旱麓》。鳶，老鷹。戾，到達。

造端 開始。

察 顯著。

13 子曰：「道不遠人，人之為道而遠人，不可以為道。《詩》云：『伐柯伐柯，其則不遠。』執柯以伐柯，睨而視之，猶以為遠。故君子以人治人，改而止。忠恕違道不遠，施諸己而不願，亦勿施於人。君子之道四，丘未能一焉：所求乎子以事父，未能也；所求乎臣以事君，未能也；所求乎弟以事兄，未能也；所求乎朋友先施之，未能也。庸德之行，庸言之謹；有所不足，不敢不勉；有餘不敢盡。言顧行，行顧言，君子胡不慥慥爾？」

伐柯伐柯，其則不遠 見《詩經·豳風·伐柯》。伐柯，砍削斧柄。則，法則，此指斧柄的式樣。

睨 斜視。

違道 離道。

庸德之行 平常的德行，必須努力實踐。

庸言之謹 平常的語言，必須特別謹慎。

慥慥 忠厚誠實的樣子。

14

君子素其位而行，不願乎其外。素富貴，行乎富貴；素貧賤，行乎貧賤；素夷狄，行乎夷狄；素患難，行乎患難。君子無入而不自得焉！

在上位不陵下，在下位不援上。正己而不求於人，則無怨。上不怨天，下不尤人，故君子居易以俟命，小人行險以徼幸。子曰：「射有似乎君子，失諸正鵠，反求諸其身。」

素其位 安於現在所處的地位。
夷狄 泛指當時的少數民族。
無入 無論處於什麼情況下。
陵 欺侮。
援 攀援，引申為投靠有勢力的人往上爬。
尤 抱怨。
居易 安居現狀。
俟命 等待天命。
徼幸 徼，求也。幸，所不當得而得者。
射 指射箭。
正、鵠 均指箭靶子；畫在布上的叫正，畫在皮上的叫鵠。

15 君子之道，辟如行遠必自邇，辟如登高必自卑。《詩》曰：「妻子好合，如鼓瑟琴；兄弟既翕，和樂且耽；宜爾室家，樂爾妻帑。」子曰：「父母其順矣乎！」

辟如 譬如。

邇 近。

卑 低處。

「妻子好合」六句 出自《詩經．小雅．常棣》。翕，和順，融洽。耽，樂。帑，通「孥」，子孫。

順 稱心和樂。

16

子曰：「鬼神之為德，其盛矣乎！視之而弗見，聽之而弗聞，體物而不可遺。使天下之人，齊明盛服，以承祭祀，洋洋乎如在其上，如在其左右。《詩》曰：『神之格思，不可度思，矧可射思。』夫微之顯，誠之不可揜如此夫！」

鬼神之為德 指鬼神的性情功效。為德，指性情靈效。

體物而不可遺 鬼神是萬物的本體，是萬物所不可缺少的。

齊 通「齋」，齋戒。

明 潔淨。

盛服 即盛裝。

洋洋 流動充滿的樣子。

神之格思 神的降臨。格，來。思，語氣詞。

矧 況且。

射 指厭怠不敬。

揜 躲藏。

17 子曰：「舜其大孝也與！德為聖人，尊為天子，富有四海之內；宗廟饗之，子孫保之。故大德，必得其位，必得其祿，必得其名，必得其壽。故天之生物，必因其材而篤焉，故栽者培之，傾者覆之。《詩》曰：『嘉樂君子，憲憲令德，宜民宜人，受祿于天；保佑命之，自天申之。』故大德者必受命。」

聖人 理想中人格最高之人。

宗廟 古代天子諸侯祭祀其先人的地方。

饗 合祭。

材 資質，本性。

篤 此指厚待。

「嘉樂君子」六句 出自《詩經．大雅．假樂》。嘉，善美。憲憲，興盛的樣子。令，美好。申，重申。

18

子曰：「無憂者，其惟文王乎！以王季為父，以武王為子；父作之，子述之。武王纘大王、王季、文王之緒，壹戎衣而有天下，身不失天下之顯名，尊為天子，富有四海之內；宗廟饗之，子孫保之。武王末受命，周公成文武之德。追王大王、王季，上祀先公以天子之禮。斯禮也，達乎諸侯、大夫及士、庶人。父為大夫，子為士；葬以大夫，祭以士。父為士，子為大夫，葬以士，祭以大夫。期之喪，達乎大夫；三年之喪，達乎天子；父母之喪，無貴賤一也。」

文王 姓姬名昌，商朝紂王時為西伯。「文」是其謚號。
王季 文王的父親，名季歷。
武王 文王之子，建立周朝。「武」是其謚號。
作之 開創事業。
述之 繼其志而述其事。
纘 繼承的意思。
大王 即王季之父。
緒 基業。
壹戎衣 消滅強大的商朝。壹通「殪」，消滅。戎，大。衣通「殷」。
末 晚年，老也。
受命 受天命為天子。

期之喪 指旁系親屬期年之喪。期，即過周年。
達乎天子 一直通行到天子。

19 子曰：「武王、周公其達孝矣乎！夫孝者善繼人之志、善述人之事者也。春秋，脩其祖廟，陳其宗器，設其裳衣，薦其時食。

「宗廟之禮，所以序昭穆也；序爵，所以辨貴賤也；序事，所以辨賢也；旅酬下為上，所以逮賤也；燕毛，所以序齒也。

「踐其位，行其禮，奏其樂；敬其所尊，愛其所親；事死如事生，事亡如事存，孝之至也。

「郊社之禮，所以事上帝也；宗廟之禮，所以祀乎其先也。明乎郊社之禮，禘嘗之義，

達孝 即通孝，是天下通稱的能盡孝道的人。

人 指祖先。

春秋 此指祭祖的季節。

陳其宗器 陳，陳列。宗器，古代宗廟祭祀時所用的器物。

裳衣 指祖宗生前穿過的衣服。裳是下衣，衣是上裝。

薦其時食 古代祭祀祖先所獻上的時令鮮食。

昭穆 古代宗廟的制度，以始祖廟的牌位居中，二世、四世、六世位於始祖的左方，稱為昭。三世、五世、七世位於始祖的右方，稱為穆。此指祭祀的時候，可以排列出父子、長幼、親疏的次序。

序爵 祭祀者按官爵大小，以公、侯、卿、大夫分為四等排列先後。

事 職事，職務。

治國其如示諸掌乎！」

旅酬 眾人以酒相勸。

下為上 以主人身分向上敬酒。

逮賤 藉以使祖宗的恩惠下逮於晚輩。

燕毛 燕，同「宴」。毛，毛髮，意為長幼。指祭祀完畢行宴飲時，以毛髮的顏色區別老少長幼，安排坐次。

序齒 依據年齡的大小來定宴會的坐次或飲酒的順序。

踐其位 各就各位。

郊社之禮 周代在冬至時，在南郊行祀天的儀式，稱之為「郊」。夏至在北郊行祭地的儀式，稱之為「社」。

禘 五年一次大祭，只有天子有權舉辦。

嘗 為宗廟四時祭祀之一，每年秋季舉行。

20 哀公問政。子曰：「文、武之政，布在方策。其人存，則其政舉；其人亡，則其政息。人道敏政，地道敏樹。夫政也者，蒲盧也。故為政在人，取人以身，脩身以道，脩道以仁。仁者，人也，親親為大；義者，宜也，尊賢為大。親親之殺，尊賢之等，禮所生也。故君子不可以不脩身；思脩身，不可以不事親；思事親，不可以不知人；思知人，不可以不知天。

「天下之達道五，所以行之者三。曰：君臣也，父子也，夫婦也，昆弟也，朋友之交也，五者，天下之達道也；知、仁、勇三者，天

哀公 春秋時魯國國君。

布 陳列。

方策 典籍。方，木版。策，竹簡。

其人 指文王、武王。

蒲盧 即蘆葦。蘆葦生長快速，比喻政治易見成效。

親親 愛其親也。

殺 降等。

昆弟 兄弟。

達德 人人應有之德性。

下之達德也；所以行之者，一也。或生而知之，或學而知之，或困而知之，及其知之，一也。或安而行之，或利而行之，或勉強而行之，及其成功，一也。」

子曰：「好學近乎知，力行近乎仁，知恥近乎勇。知斯三者，則知所以脩身；知所以脩身，則知所以治人；知所以治人，則知所以治天下國家矣。

「凡為天下國家有九經，曰：脩身也，尊賢也，親親也，敬大臣也，體群臣也，子庶民也，來百工也，柔遠人也，懷諸侯也。脩身，則道立；尊賢，則不惑；親親，則諸父

困而行之 勤學苦行而後乃知也。
安而行之 安然自得而行也。
利而行之 為榮名利益而行也。

九經 九條準則。
子庶民 以庶民為子。
諸父 宗族中與父親同行輩者，即眾伯叔。

昆弟不怨；敬大臣，則不眩；體群臣，則士之報禮重；子庶民，則百姓勸；來百工，則財用足；柔遠人，則四方歸之；懷諸侯，則天下畏之。

「齊明盛服，非禮不動，所以脩身也；去讒遠色，賤貨而貴德，所以勸賢也；尊其位，重其祿，同其好惡，所以勸親親也；官盛任使，所以勸大臣也；忠信重祿，所以勸士也；時使薄斂，所以勸百姓也；日省月試，既稟稱事，所以勸百工也；送往迎來，嘉善而矜不能，所以柔遠人也；繼絕世，舉廢國，治亂持危，朝聘以時，厚往而薄來，所

眩 迷亂。

來 招來。

百工 各種工匠。

官盛任使 部屬眾多，足以聽任差遣。

時使 指使用百姓勞役有一定時間，不誤農時。

薄斂 賦稅輕。

既稟稱事 視工作成績給予相當的俸祿。

繼絕世 延續已經中斷的家庭世系。

舉廢國 復興已經沒落的邦國。

朝聘 諸侯定期朝見天子，每年一見叫小聘，三年一見叫大聘，五年一見叫朝聘。

以懷諸侯也。凡為天下國家有九經，所以行之者，一也。

「凡事豫則立，不豫則廢：言前定，則不跲；事前定，則不困；行前定，則不疚；道前定，則不窮。

「在下位，不獲乎上，民不可得而治矣；獲乎上有道，不信乎朋友，不獲乎上矣；信乎朋友有道，不順乎親，不信乎朋友矣；順乎親有道，反諸身不誠，不順乎親矣；誠身有道，不明乎善，不誠乎身矣。

「誠者，天之道也；誠之者，人之道也。誠者，不勉而中，不思而得，從容中道，聖人

言前定則不跲 說話事先有準備，就不致詞窮理屈。跲，不順暢，不流利。

也！誠之者，擇善而固執之者也。

「博學之，審問之，慎思之，明辨之，篤行之。有弗學，學之弗能弗措也；有弗問，問之弗知弗措也；有弗思，思之弗得弗措也；有弗辨，辨之弗明弗措也；有弗行，行之弗篤弗措也。人一能之，己百之；人十能之，己千之。果能此道矣，雖愚必明，雖柔必強。」

措 停止，罷休。

21 自誠明，謂之性；自明誠，謂之教。誠則明矣，明則誠矣。

自誠明 由至誠而自然明白善道。

自明誠 由明白善道而達於至誠，這叫做人為的教化。

則 即，就。

22

唯天下至誠，為能盡其性；能盡其性，則能盡人之性；能盡人之性，則能盡物之性；能盡物之性，則可以贊天地之化育；可以贊天地之化育，則可以與天地參矣。

盡其性 充分發揮本性。

贊 助。

與天地參 與天地並立為三。

23

其次致曲，曲能有誠；誠則形，形則著，著則明，明則動，動則變，變則化；唯天下至誠為能化。

其次 指次於聖人一等的賢人，即誠之者。

致曲 致，推致。曲，偏於一面而不完善。

形 顯露。

著 顯著。

化 即化育。

為天下至誠為能化 只有天下最誠的人才能做到化民化物的地步。

24

至誠之道，可以前知：國家將興，必有禎祥；國家將亡，必有妖孽；見乎蓍龜，動乎四體。禍福將至，善，必先知之；不善，必先知之；故至誠如神。

前知 預知未來。

禎祥 吉祥的預兆。

妖孽 物類反常的現象。草木之類稱妖，蟲豸之類稱孽。

蓍龜 蓍草和龜甲，用來占卜。

四體 手足，指動作儀態。

25

誠者，自成也；而道，自道也。誠者，物之終始；不誠，無物。是故君子誠之為貴。誠者，非自成己而已也，所以成物也。成己，仁也；成物，知也。性之德也，合外內之道也，故時措之宜也。

自成 自我成全，也就是自我完善的意思。

自道 導引自己所當行的道路。

時措之宜 時時施行而皆得其宜。

26

故至誠無息；不息則久。久則徵，徵則悠遠，悠遠則博厚，博厚則高明。博厚所以載物也，高明所以覆物也，悠久所以成物也。博厚配地，高明配天，悠久無疆。如此者，不見而章，不動而變，無為而成。天地之道，可一言而盡也：「其為物不貳，則其生物不測。」天地之道：博也，厚也，高也，明也，悠也，久也。今夫天，斯昭昭之多，及其無窮也，日月星辰繫焉，萬物覆焉。今夫地，一撮土之多；及其廣厚，載華嶽而不重，振河海而不洩，萬物載焉。今夫山，一卷石之多，及其廣大，草木生之，禽

無息 沒有間斷。

徵 顯露於外。

無疆 無窮無盡。

不見而章 不事表示而自然彰明。見同「現」。章同「彰」。

一言 即一字，指「誠」字。

不貳 忠誠如一。

昭昭 光明。

華嶽 即華山、嶽山。

振 通「整」，整治，引申為約束。

一卷石 一拳頭大的石頭。卷通「拳」。

獸居之，寶藏興焉。今夫水，一勺之多，及其不測，黿鼉蛟龍魚鱉生焉，貨財殖焉。《詩》云：「維天之命，於穆不已。」蓋曰天之所以為天也。「於乎不顯，文王之德之純。」蓋曰文王之所以為文也，純亦不已。

不測　不可測度，指浩瀚無涯。

黿　似鱉而大，背甲近圓形，散生小疣，暗綠色，腹面白色。前肢外緣和蹼均呈白色。生活於河中。

鼉　長約二公尺餘，背部暗褐色，前肢五指無蹼，後肢四趾具蹼，穴居於池沼底部，以魚、蛙、鳥、鼠為食，皮可製鼓。

「維天之命」四句　均引自《詩經．周頌．維天之命》。

27

大哉！聖人之道！洋洋乎，發育萬物，峻極於天。優優大哉！禮儀三百，威儀三千。待其人而後行。故曰：「苟不至德，至道不凝焉。」故君子尊德性而道問學，致廣大而盡精微，極高明而道中庸。溫故而知新，敦厚以崇禮。是故，居上不驕，為下不倍。國有道，其言足以興；國無道，其默足以容。《詩》曰：「既明且哲，以保其身。」其此之謂與？

洋洋 盛大。
峻 高大。
優優 充足有餘。
禮儀 古代禮節的主要規則，又稱經禮。
威儀 古代典禮中的動作規範及待人接物的禮節，又稱曲禮。
凝 聚，成。
容 容身，指保全自己。
既明且哲，以保其身 既明理，又睿智，可以安保自身。出自《詩經・大雅・烝民》。

28

子曰：「愚而好自用；賤而好自專；生乎今之世，反古之道；如此者，烖及其身者也。」非天子不議禮，不制度，不考文。今天下，車同軌，書同文，行同倫。雖有其位，苟無其德，不敢作禮樂焉；雖有其德，苟無其位，亦不敢作禮樂焉。

子曰：「吾說夏禮，杞不足徵也；吾學殷禮，有宋存焉；吾學周禮，今用之，吾從周。」

自用 自以為是，不聽別人意見。

自專 獨斷專行。

反 通「返」。

烖 古「災」字。

制度 制作法度。

考文 校訂文字。

車同軌 指車子的輪距一致。

行同倫 行為的準則相同。

夏禮 夏朝的禮制。

杞不足徵 在杞國已沒有足夠的材料可供證明。杞，國名，傳說周武王封夏禹的後代於此。徵，驗證。

29

望天下有三重焉，其寡過矣乎？上焉者，雖善無徵，無徵不信，不信民弗從。下焉者，雖善不尊，不尊不信，不信民弗從。故君子之道，本諸身，徵諸庶民，考諸三王而不繆，建諸天地而不悖，質諸鬼神而無疑，百世以俟聖人而不惑。質諸鬼神而無疑，知天也；百世以俟聖人而不惑，知人也。是故君子動而世為天下道，行而世為天下法，言而世為天下則；遠之則有望，近之則不厭。《詩》曰：「在彼無惡，在此無射；庶幾夙夜，以永終譽。」君子未有不如此而蚤有譽於天下者也。

王天下有三重 統治天下有三項重要的事，即議禮、制度、考文。
上焉者 時王（即周王）以前。如夏禮、殷禮。
下焉者 指聖人而在下位的，比如孔子。
「本諸身」二句 先根據本身的德行，然後以老百姓是不是信從加以證驗。
三王 指夏、商、周三代君王。
繆 通「謬」。誤也。

「在彼無惡」四句 射音「亦」，厭惡之意。庶幾，希望。夙夜，早晚。永，長。出自《詩經・周頌・振鷺》。

30

仲尼祖述堯舜，憲章文武；上律天時，下襲水土。辟如天地之無不持載、無不覆幬；辟如四時之錯行，如日月之代明。萬物並育而不相害，道並行而不相悖。小德川流，大德敦化。此天地之所以為大也。

祖述 效法、遵循前人的行為或學說。

憲章 憲，取法之意。章，闡明。

律 效法。

襲 因。

覆幬 覆蓋。

錯行 交錯運行，流動不息。

代明 指日月交替輝映。

31

唯天下至聖，為能聰明睿知，足以有臨也；寬裕溫柔，足以有容也；發強剛毅，足以有執也；齊莊中正，足以有敬也；文理密察，足以有別也。溥博淵泉，而時出之。溥博如天，淵泉如淵。見而民莫不敬，言而民莫不信，行而民莫不說。是以聲名洋溢乎中國，施及蠻貊，舟車所至，人力所通，天之所覆，地之所載，日月所照，霜露所隊，凡有血氣者，莫不尊親，故曰配天。

睿 精察明敏。

至聖 道德修養至最高的人。

臨 監臨天下。

發強 奮發堅強。

有執 有所執守，能斷決。

齊莊 敬肅莊重之意。齊通「齋」。

文理密察 文章條理詳細而明辨。

溥博淵泉 比喻思慮深遠。溥博，普遍而廣闊。淵泉，靜深而有本源。

出 發現。

見 通「現」。

施及蠻貊 施，旁及之意。蠻，南方未開化民族。貊，北方未開化民族。

隊 同「墜」。

32

唯天下至誠，為能經綸天下之大經，立天下之大本，知天地之化育。夫焉有所倚？肫肫其仁，淵淵其淵，浩浩其天。苟不固聰明聖知達天德者，其孰能知之？

經綸 理出絲緒叫經，編絲成線叫綸，引申為治理之意。

大經 大常道。亦即君臣、父子、兄弟、夫婦、朋友五種倫常。

大本 人道人性之本體。

夫焉有所倚 夫，發語詞。焉有所倚，意謂豈有他倚，惟由至誠而已。

肫肫 誠懇。

淵淵 深靜。

浩浩 廣大。

《詩》曰：「衣錦尚絅。」惡其文之著也。故君子之道，闇然而日章；小人之道，的然而日亡。君子之道，淡而不厭，簡而文，溫而理；知遠之近，知風之自，知微之顯，可與入德矣。

《詩》云：「潛雖伏矣，亦孔之昭。」故君子內省不疚，無惡於志。君子之所不可及者，其唯人之所不見乎！

《詩》云：「相在爾室，尚不愧于屋漏。」故君子不動而敬，不言而信。

《詩》曰：「奏假無言，時靡有爭。」是故君子不賞而民勸，不怒而民威於鈇鉞。

衣錦尚絅 引自《詩經・衛風，碩人》。穿彩綢之衣而外加罩袍。衣，指穿衣。錦，色彩鮮豔的綢衣。尚，加。絅，禪衣，即單層之罩袍。

惡其文之著 嫌那綢衣的文彩太顯著了。

闇然而日章 指君子無人之道，美在其中，不顯露於外，日子久了，卻一天比一天彰明。

潛雖伏矣，亦孔之昭 雖然潛伏著，仍然是非常明顯的。引自《詩經・小雅・正月》。

相在爾室，尚不愧于屋漏 指君子獨居內室，亦能無愧於心。引自《詩經・大雅・抑》。相，注視。屋漏，指古代室內西北角設小帳的地方，相傳是神明所在，這裡以屋漏代指神明。不愧屋漏喻指心地光明，不在暗中做壞事，起壞念頭。

《詩》曰：「不顯惟德，百辟其刑之。」是故君子篤恭而天下平。《詩》云：「予懷明德，不大聲以色。」子曰：「聲色之於以化民，末也。」《詩》曰：「德輶如毛。」毛猶有倫。「上天之載，無聲無臭。」至矣。

奏假無言，時靡有爭 引自《詩經．商頌．烈祖》。假，通「格」，即感通，指誠心能與鬼神或外物互相感應。

鈇鉞 古代執行軍法時用的斧子。

「不顯惟德」二句 引自《詩經．周頌．烈文》。「不」通「丕」，不顯即大顯。刑通「型」，示範、效法。

予懷明德，不大聲以色 引自《詩經．大雅．皇矣》。我准著明德來化民，絕對不用大聲和厲色。

德輶如毛 用道德來化民，輕如毛髮。引自《詩經．大雅．烝民》。輶，古代一種輕便車，引申為輕。

上天之載，無聲無臭 上天化生萬物時，無聲無味。引自《詩經．大雅．文王》。

人人讀經典

【人人讀經典】

人人出版社《人人讀經典》系列，
清晰秀麗的字體，
編排精巧用心，
且有白話注釋與標準注音，
帶給讀者隨手握讀的愉悅。

◎精典再現◎

現代人讀孔孟，不再只是為了考試
而是希望能用智慧話語修身，
用哲學思想安身立命，
值得各個年齡層反覆咀嚼、
驗證人生。

《論語》特價 250 元
《孟子》（附《大學》《中庸》）特價 250 元

◎吟月詠菊◎

每個人心中都有一首難忘的詩詞
會在生命的不同階段，
驀然回首，浮現心頭。
從詩詞中看前人的豁達忘憂，
讓生活與美學翩然相遇。

《唐詩三百首》特價 250 元
《宋詞三百首》特價 250 元
《蘇東坡選集》特價 250 元
《四李選集》特價 250 元
《婉約詞》特價 250 元
《豪放詞》特價 250 元

— 更多詩詞系列即將上市，請密切關注 —

國家圖書館出版品預行編目(CIP)資料

孟子/孫家琦編輯. -- 第二版.
-- 新北市：人人, 2019.08印刷
面； 公分. --（人人讀經典系列；22）
ISBN 978-986-461-188-1(精裝)
1.孟子 2.注釋
121.262　　108003999

人人讀經典系列 22

【附大學、中庸】

封面題字／羅時僖
書系編輯／孫家琦
發行人／周元白
出版者／人人出版股份有限公司
地址／23145新北市新店區寶橋路235巷6弄6號7樓
電話／（02）2918-3366（代表號）
傳真／（02）2914-0000
網址／http://www.jjp.com.tw
郵政劃撥帳號／16402311人人出版股份有限公司
製版印刷／長城製版印刷股份有限公司
經銷商／聯合發行股份有限公司
電話／（02）2917-8022
第二版第一刷／2019年8月
定價／新台幣250元
港幣87元